Salam Gaza

Photographie de couverture : © Héla Chelli.

4, rue d'Alger, Tunis.
www.elyzad.com

Tahar Bekri

Salam Gaza

carnets

elyzad

Je suis humain, rien de ce qui est humain ne m'est étranger.

Térence

(Carthage, 190 av. J.-C. – Arcadie, 159 ? av. J.-C.)

Salam sur Gaza

Dans les bras de la lumière
Et la beauté du monde

En dépit du plomb durci
À la barbe des sanguinaires

Ces flocons de neige
Pour apaiser la terre

Du feu qui lui brûle les lèvres
Pourquoi aimez-vous tant les cendres

Quand la braise nourrit mon cœur
Tendre dans les cours des rivières

Pourquoi détruisez-vous mon limon
Réduit en poussière

Le soleil vous fait-il peur
De voir votre propre ombre

I

LA GUERRE CONTRE GAZA

Paris,
Samedi 27 décembre 2008

Dehors, il fait très froid. Il gèle même. De ma fenêtre, j'aperçois le cerisier totalement nu, les flocons de neige retenus par les larges palmes du palmier, à côté de l'olivier. Deux arbres, toujours verts, même en cette saison. Ils défient l'hiver, le ciel gris. Un vrai cadeau de les voir garder leurs feuilles, par tous les temps. Il y a quelques années, des propriétaires dans l'immeuble ont fait arracher l'unique bouleau, bien que frêle, car, ont-ils dit, il bouchait la vue à un habitant. Comment ne pas ressentir le vide qu'il laisse, son absence ? Le tilleul odorant, qui commençait à bien pousser, a été rasé aussi. Dans ce jardin, construit sur un parking, les racines des arbres pourraient devenir une menace pour le plafond. C'est ainsi la ville, sens dessus dessous. Pourtant, il manque au paysage un sapin, ce qui eût été parfait pour célébrer Noël. En ces temps de fête, de préparatifs pour le Nouvel An, de courses, d'excitations, de guirlandes et de décorations, de jours affairés, je m'abandonne à quelques rêveries, à des méditations, comme pour faire le bilan d'une vie, loin des miens, loin de la terre natale.

Il est midi ou presque, j'ouvre la radio et j'entends : « L'armée israélienne a effectué des raids sur Gaza. C'est le début de l'opération "Plomb durci". » L'objectif est de lutter contre le Hamas, le mouvement de la résistance islamique, qui a déclaré la fin de la trêve après qu'Israël a refusé d'ouvrir les passages et arrêter le blocus. Déjà, plus de deux cent vingt-cinq Palestiniens tués, sept cents blessés, des bâtiments détruits. Des civils bombardés. Des tonnes de bombes pour se venger des roquettes lancées sur le sud d'Israël et qui ont touché quelques habitants de Sederot. La ministre des Affaires étrangères Tzipi Livni, le ministre de la Défense Yehud Barak, et le Premier ministre Ehoud Olmert, de concert, en compétition électorale, décident de donner une leçon aux Palestiniens, de les corriger. Qui dépasse l'autre dans sa guerre contre le Hamas, à l'approche des élections israéliennes ? Il s'agit d'éliminer les agissements des militants palestiniens à Gaza, de ceux qui les soutiennent, même si la population est privée de tout. Comment osent-ils résister ? Il faut mettre le Hamas, parti islamiste, radical, élu pourtant démocratiquement en juin 2007, hors d'état de nuire. Car il s'oppose à l'occupation israélienne. Il conteste l'Autorité palestinienne, crée son propre gouvernement et ne reconnaît pas Israël. De surcroît, le Hamas pratique la contrebande souterraine pour introduire vivres et armes, se fait aider par des partis frères, arabes et musulmans. Un de leurs chefs se trouve en Syrie. Il faut écraser cette organisation qui réclame haut et fort l'ouverture du passage avec l'Égypte, dernier recours pour échapper à l'asphyxie. Qui exige de quoi se nourrir, de quoi circuler, de quoi se soigner. Les militants du Hamas menacent la sécurité de la grande puissance en lançant des roquettes, retiennent toujours le soldat israélien, Gilad Shalit, prisonnier. Onze mille Palestiniens, dont quarante-trois députés, croupissent dans les geôles israéliennes, depuis des années. Qui s'en émeut à travers le monde ? Ce sont des terroristes, répondent les Israéliens. Terroristes ou résistants à l'occupation ?

Le souvenir du Liban n'est pas loin et l'occasion est trop belle pour le Premier ministre de prendre sa revanche, de laver sa débâcle face au Hezbollah libanais, lors de la guerre en juillet 2006.

Plus d'un million et demi de Palestiniens vivent dans la bande de Gaza, dans une densité démographique des plus élevées au monde. Plus de quatre mille habitants au km^2. Occupée depuis 1967, la bande de Gaza a été rendue aux Palestiniens, en 2005. Malgré les organisations internationales non gouvernementales qui appellent à desserrer l'étau, l'occupation israélienne continue, par tous les moyens, à vouloir liquider le mouvement Hamas et ses chefs, après l'avoir aidé et soutenu, contribué, avec cynisme et stratégie politique, à son essor, afin d'affaiblir Yasser Arafat et l'Organisation de la libération de la Palestine. En 1988, lors du congrès de l'OLP à Alger, les Palestiniens, pas tous il est vrai, ont reconnu l'État d'Israël. L'OLP a même accepté, à cette occasion, de se suffire de 22 % des 47 % des terres de la Palestine tel que cela avait été décidé par les Nations unies en 1947. L'État palestinien se composerait ainsi de la Cisjordanie, de la bande de Gaza et de Jérusalem-Est. Il y a eu ensuite, le 13 septembre 1993, la poignée de main entre Arafat et Rabin pour sceller les accords d'Oslo. L'espoir en une paix entre Palestiniens et Israéliens était si proche. Mais toujours des promesses non tenues concernant le futur État palestinien. Rien ne vient. Bien au contraire, les colonies se multiplient, autorisées et sauvages, en Cisjordanie. Les visées de mainmise sur Jérusalem-Est sont publiquement affichées. Rabin est assassiné par les siens. Les Territoires palestiniens, occupés depuis 1967, se réduisent gravement, d'année en année. Les nouveaux colons arrivent, par milliers. Comment ne pas comprendre que les Palestiniens, lassés, finissent par donner leurs voix au Hamas ? Depuis la Nakba, la catastrophe de 1948, ils attendent, espèrent, luttent, combattent, négocient, tentent des solutions, font des concessions, mais, de défaite en défaite arabe, d'exil en exil, de silence en silence international, de résolution en résolution non appliquée, bien que votée par le Conseil de sécurité de l'ONU, parfois hélas, empêchée par le droit de veto de certaines grandes puissances, ils ne croient plus à des promesses. Certains jeunes, dans la fleur de l'âge, se sacrifient, explosent comme des bombes humaines. Leur résistance est suicidaire. Leur mort est meurtrière. Kamikazes. Martyrs pour leur peuple, terroristes, pour les autres. Mais au fond, cette image arrange l'occupant, elle est préférable à celle de Palestiniens raisonnables, négociateurs, civils, instruits, pacifistes, défendant leur terre comme n'importe quel autre peuple. On préfère les voir comme des terroristes, des repoussoirs à l'usage de l'opinion internationale, des épouvantails à brandir. La propagande israélienne est d'une redoutable efficacité. L'agressé devient l'agresseur, le spolié menaçant. Massacre après massacre, les Israéliens se présentent dans les médias comme des amoureux de la vie, présentent les Palestiniens comme des donneurs de mort. Toute critique d'Israël est assimilée à de l'antisémitisme. C'est connu, les Arabes ne sont pas des Sémites ! Même des intellectuels juifs, objectifs, ceux-là, en ont fait les frais, ont été durement intimidés, salis. Toute mise en question du nationalisme sioniste, même contesté par des juifs, à travers le monde, est synonyme de haine des juifs. Pourtant, il ne s'agit nullement de critique de la foi ou de la religion hébraïque, mais d'occupation, de colonialisme, d'expansionnisme territorial, de projet politique qui dénie à l'Autre le droit d'exister. Il s'agit de réaliser les thèses de Herzl, le rêve du retour sur la terre biblique et de créer un jour le Grand Israël sur la terre de Palestine. Cette terre serait sainte pour les Juifs, non pour les Arabes, chrétiens et musulmans ? L'exclusivité est de rigueur. Bien sûr, une partie des Israéliens, du mouvement « La paix maintenant », appelle à l'entente avec les Palestiniens, mais combien sont-ils en ces jours, ont-ils l'adhésion de la population, peuvent-ils arrêter les massacres, l'offensive de l'armée à Gaza ?

Le mouvement du Hamas, dont les chefs sont assassinés régulièrement, les députés et même les ministres arrêtés, a une vision religieuse qui s'inspire de l'idéologie des Frères musulmans. Son opposition à l'Autorité palestinienne… depuis la mort d'Arafat, le rend suspect et dangereux aux yeux des États-Unis et de l'Europe qui le considèrent comme une organisation terroriste, bien qu'arrivé au pouvoir par la voie électorale. Le Hamas ne reconnaît pas les accords d'Oslo. Quinze ans sont passés depuis, sans que l'État palestinien promis ne voie le jour. Le Hamas, proche de l'islam intransigeant, parfois même brutal à l'égard des laïcs, a l'adhésion du peuple, révolté par les conditions humiliantes sous l'occupation. Il n'est pas nécessaire d'être un géographe ou un stratège pour voir sur une carte comment Israël s'étend aux dépens de la terre palestinienne. Comment nier l'évidence ?

Aujourd'hui, c'est samedi. A priori, c'est un jour de paix, de congé. Le gouvernement israélien en décide autrement, ce sera « un shabbat sanguinaire », selon l'expression de l'intellectuel américain Noam Chomsky. Peu importe, il surprend les Palestiniens de Gaza, malgré l'assurance donnée au gouvernement turc, intermédiaire actif et qui maintient de bonnes relations avec les différentes parties du conflit. La Turquie est un des rares pays musulmans à avoir des relations diplomatiques avec Israël. Certains régimes arabes semblent avoir été avertis, ou tenus informés, avant le début de la guerre, l'Égypte en tête, à moins qu'il ne s'agisse de manœuvres de diversion. Il faudra que l'on sache un jour ce qu'a dit Tzipi Livni au président Hosni Moubarak, la veille de l'opération. Le président américain battu, George Walker Bush, est encore en poste pour les affaires courantes, jusqu'au 20 janvier 2009, date de l'investiture du nouveau président élu, Barack Obama. En attendant le commencement effectif du mandat, on peut corriger les Palestiniens, donner une leçon au Hamas, casser sa résistance.

Les Gazaouis sont plus d'un million cinq cent mille deux cent deux âmes qui vivent sur une bande de terre de trois cent soixante km^2.

Trop nombreux, au goût de Tsahal. Leurs enfants jettent des pierres, leurs adultes lancent des roquettes, une sérieuse menace pour des citoyens paisibles, ceux-là mêmes qui se mettent sur les collines pour regarder et admirer le bombardement de Gaza. « D'habitude, je ne vais pas aux concerts, mais c'est le meilleur des concerts de musique qu'il m'a été donné d'écouter », déclare, fier, l'un d'eux, devant les caméras. Daniel Barenboïm, Edward Saïd, paix à ton âme, vous qui avez œuvré courageusement, ensemble pour une autre musique, pour d'autres concerts, fraternels et beaux, pour un monde plus pacifique et plus cordial, a-t-on respecté vos voeux ?

Comme cela ne suffit pas, des ultra-nationalistes en campagne, et en mesure de gagner les élections prochaines, demandent aux Palestiniens de reconnaître l'État d'Israël exclusivement comme un État juif. Et les Arabes, musulmans et chrétiens ? Qui étaient là avant 1948. Les chasser ? Effacer leurs traces ? Les déporter ? Les jeter sur le chemin de l'exil comme des milliers d'autres auparavant ? Établir la supériorité juive ? Pourra-t-on prétendre encore qu'Israël est un État démocratique ? Le discours, on le sait, est une autre offensive. Il aide à détourner l'esprit des vrais raids.

Dimanche 28 décembre 2008

La société civile palestinienne lance un appel international, signé par le Comité national palestinien pour le boycottage, le désinvestissement et les sanctions (Palestinian Boycott, Disinvestment and Sanctions National Committee) à Ramallah occupée. L'appel regroupe plus de quinze organismes. Il y est écrit :

« Le professeur Richard Falk, rapporteur spécial du Conseil des droits de l'homme des Nations unies pour les Territoires palestiniens occupés et professeur émérite de droit international à l'université de Princeton, a décrit en ces termes le siège israélien de Gaza l'année dernière, alors qu'il n'était pas comparable à la gravité de la situation actuelle :

"Est-ce une exagération irresponsable que d'associer le traitement des Palestiniens aux pratiques d'atrocités collectives des Nazis ? Je ne le crois pas. Les récents développements à Gaza sont particulièrement inquiétants parce qu'ils expriment de façon frappante une intention délibérée de la part d'Israël et de ses alliés de soumettre une communauté humaine tout entière à des conditions de la plus grande cruauté qui mettent en danger sa vie. La suggestion que ce schéma de conduite est un holocauste en train de se faire, représente un appel assez désespéré aux gouvernements du monde et à l'opinion publique internationale à ce qu'ils agissent d'urgence pour empêcher que ces tendances actuelles au génocide n'aboutissent à une tragédie collective." »

Dans le même appel, sont évoqués les propos du père Miguel d'Escoto Brockmann, président de l'Assemblée générale de l'ONU, dans un discours récent devant l'Assemblée :

« Il y a plus de vingt ans, nous, les Nations unies, avions suivi la voie de la société civile lorsque nous avions convenu que ces sanctions étaient nécessaires pour fournir des moyens de pression non violents contre l'Afrique du Sud afin qu'elle mette un terme à ses violations. Aujourd'hui peut-être, nous, les Nations unies, devrions-nous envisager de suivre la voie d'une nouvelle génération de la société civile, qui appelle à une campagne non violente similaire de boycottage, de désinvestissement et de sanctions pour faire pression sur Israël afin qu'il mette un terme à ses violations. »[1]

1. Texte original en anglais : www.bdsmovement.net

Mardi 30 décembre 2008

J'écris, blessé, meurtri, en colère. Encore un malheur qui frappe le monde arabe. Le monde ne bougera pas le petit doigt. Le Hamas est une cause perdue d'avance. C'est contre lui que la guerre est déclarée, non contre la population, affirme l'armée israélienne. Les morts des civils, femmes et enfants, alors ? C'est virtuel ? Je décide de diffuser le poème *Salam sur Gaza* par Internet, de l'envoyer pour les vœux du nouvel an. Comment accepter ce qui se passe à Gaza ? C'est intolérable ! La guerre est lâche, inégale. Je me sens terriblement impuissant à crier mon indignation. L'armée israélienne continue ses raids, bombarde, tue par dizaines. Les Palestiniens n'ont ni chars ni moyens de riposte contre les avions. En si peu de jours, le bilan est lourd, et ce ne sont pas les quelques roquettes du Hamas qui arrêteront le déluge de feu qui s'abat sur la population civile. Tout constitue une bonne cible à atteindre. Peu importe les lois de la guerre. Un poète épris de paix peut-il rester insensible devant l'innommable ?

De Murcie, je reçois un courriel de l'ami, dramaturge et professeur d'université, Francisco Torres.

« Je t'écris pour te souhaiter tout le bonheur et la joie que la beauté et la poésie pourront t'apporter en 2009. Mais je t'écris, de même, dans la douleur de ce nouveau conflit, un des resurgissements de la violence sans bornes, à laquelle on tente de nous habituer depuis plus de soixante ans. Depuis la grande injustice dans le partage de la Palestine et depuis les innombrables injustices accomplies par l'État d'Israël. Je suis indigné au plus profond de mon être, je fais miennes les souffrances et les humiliations des Palestiniens. Je comprends leur mécontentement et même leur violence – je vais dire que je la trouve explicable –, et tout cela me fait mal, très mal. J'imagine que tu souffres de même. Enfin, je tente de trouver un peu de consolation. Je me rappelle le poème que tu as envoyé lors de la guerre contre le Liban. Nous l'avons lu dans un rassemblement public sur la place Santo Domingo de Murcia. Écris. Ces conflits ne nous laissent pas en paix et spirituellement, nous y sommes mêlés. J'ai étudié avec les franciscains ; leur salutation, qui est celle de Saint François d'Assise, est toujours : *Pax et bonum*, paz y bien. Je t'embrasse. Paco »

Lors de la guerre contre le Liban, l'été 2006, menée officiellement pour mettre fin à la résistance du Hezbollah libanais, et qui a dévasté le pays, tué et blessé des centaines de personnes, mis sur le chemin de l'exil des milliers de Libanais, j'avais écrit ce poème :

Liban ma rose noire

Ils redoublent de férocité
Et crient aux cèdres
Nous sommes les seigneurs de la guerre
Nous fermons la mer le ciel et la terre
Et pissons sur vos prières
Nous mangeons les collines et les
  montagnes
Nous détournons les fleuves
Volons les lacs les plateaux et les arbres
De chiffres sans nom
Nous remplissons vos cimetières

Nous sommes les nouveaux aigles
Nous aimons les ruines et les décombres
Le sang des chevaux éventrés
Les larmes des murs
Les enfants sous les pierres

Nous sommes les bâtisseurs de vos cauchemars
Coupeurs de routes
Coupeurs de ponts
Démolisseurs d'aéroports

Brûleurs de vos réserves
La farine est notre ennemie
Votre pain poudre pour notre canonnière
Nous mettons l'air à genoux
Le vent à feu et à sang

Nous sommes les ravageurs des centrales hydrauliques
L'eau c'est pour laver vos morts
Nous sommes la nuit de votre détresse
Destructeurs de centrales électriques
Amis des chauves-souris
La cécité guide nos cœurs
Assoiffés de vos linceuls sans cercueils

Nous sommes les rois de la lumière
Nous tuerons la lune s'il le faut
Pour disperser vos cendres
Dans les trous de notre mémoire
Nous prierons Dieu pour ouvrir son enfer
Croix et croissant pour nourrir nos brasiers
Et nous ferons de vos frontières nos pissotières

La bannière étoilée est notre chandelier
Dans le ciel déchiré par nos mâchoires

Paris, le 26 juillet 2006

P.-S. : Ces vers[1] furent publiés le lendemain sur le site de la Maison de la Poésie de Namur, grâce à la conviction du poète Eric Brogniet, connaisseur de la poésie arabe. Il préfacera, plus tard, une anthologie bilingue, *Le poème palestinien contemporain.*[2]

Je réponds à Francisco-Paco.

« Je suis touché de tes vœux amicaux et solidaires. Ils me réchauffent le cœur dans ce froid, aux mains sales. Oui, la douleur et la colère nous gâchent l'espérance meurtrie par ces monstres pour qui la vie ne vaut pas un grain de poussière. Et si ce n'est pas déplacé, il nous faudra lancer beaucoup de chaussures à la face de ces tyrans qui ensanglantent la terre. Ce qui se passe en Palestine ne concerne pas les Arabes seulement, cela doit interpeller la conscience universelle. Comment peut-on accepter l'insoutenable ? Au nom de quels

1. Vers traduits en italien et publiés sur le site www.transfinito.eu, repris aussi dans deux anthologies : *La Tentation du silence, 33 poèmes pour 33 jours de guerre au Liban*, Éd. Eurabia, Paris, 2007 ; *Et le monde regarde*, Éd. du Cerisier, Belgique, 2007. Ils furent refusés par le comité du « Journal des poètes », voix de La Biennale internationale de Poésie de Liège.

2. Textes réunis et présentés par le poète palestinien Ghassan Zaqtan, traduits de l'arabe par Antoine Jockey, Éd. Le Taillis Pré, Belgique, 2008.

principes peut-on justifier la barbarie, les massacres, les bombardements, la destruction ? Néron ne pouvait mieux faire. Je ne suis pas d'accord avec le Hamas et sa vision du monde, mais là il s'agit de boucherie, de tuerie et de crimes de guerre, de crimes contre l'Humanité. Que cela provienne de ceux-là mêmes qui ont tant subi la violence de l'Histoire et la connerie humaine me laisse sans voix. J'irai manifester tout à l'heure à Paris, avec des milliers d'autres, je l'espère. Ci-joint, un poème. Fais-en ce que tu peux. Notre plume généreuse est notre modeste lumière contre tous ces obscurs. Fraternellement. Tahar »

Le poème que je lui envoie a été écrit en 2002, lors du siège de Jénine. Il a été publié dans la revue *Marginales*, à l'occasion d'un numéro consacré à Jérusalem.

Coquelicots pour la complainte de Bethléem

Si ton char tue ma prière
Si le canon est ton frère
Si tes bottes rasent mes coquelicots
Si tes raids violent mon ciel

Comment peux-tu effacer ton ombre
parmi les pierres ?

Si mon église est ton abattoir
Si tes balles assiègent ma croix
Si mon calvaire est ton chandelier
Si les barbelés sont tes frontières

Comment peux-tu aimer la lumière ?

Si ta haine par-dessus le toit de ma maison
Confond minaret et mirador
Si ta fumée sature mon horizon
Si les haut-parleurs assourdissent mes cloches

Comment peux-tu honorer le levant ?

Si tes griffes déchirent mon sanctuaire
Si tes casques sont tes œillères
Si tu arraches mon olivier
Ses rameaux pour ton fumier

Comment peux-tu retenir la puanteur des
cendres ?

Si Jénine en arabe est fœtus et embryon
Que tu enterres vivant oublieux de l'Histoire
Si la poudre est ton encensoir
Si tes fusées blessent ma nuit sombre
Tes dalles se consolent-elles d'être mes
décombres ?

Si le mensonge est ton épine dorsale
Si tu nourris tes racines de mon sang
Si tu caches mon cadavre
Pour étrangler le cri de la terre

Comment peux-tu prétendre qu'elle est ta terre ?

Non loin de la tour Montparnasse, se rassemblent peu à peu des centaines de personnes, des militants, des associatifs, de simples citoyens choqués par la guerre. Certains grands partis brillent par leur absence. Nous sommes presque cinq mille à manifester de Montparnasse vers les Invalides. Je retrouve quelques amis, perdus de vue depuis la guerre contre l'Irak, en 2003, d'autres depuis très longtemps. Nous avons pris de l'âge, certains de nos souvenirs sont marqués par les événements mondiaux, l'Histoire montre continuellement ses crocs contre les faibles, la Loi du plus fort est toujours égale à elle-même, la paix régulièrement malmenée, au nom de causes inavouables. Comment peut-on croire le loup qui prétend protéger la bergerie ? Je marche en silence, dans le froid parisien, la nuit est tombée, l'asphalte sourd à l'indignation. La manifestation avance doucement. Elle ne pourra arrêter ni les raids ni les bombardements de Gaza, certes, mais elle exprime haut et fort l'indignation, le refus des massacres, du sang. Parmi les slogans répétés : « Médias français, dites la vérité ! » Ce constat est lourd. Il accuse les médias de partialité, de manquement à la vérité. Ce n'est pas totalement faux. Il rend compte d'un sentiment répandu. Dans les journaux télévisés, des informations, à la sauvette, sur la guerre contre Gaza, sont laissées presqu'en boucle. On parle de neige, de trafic impossible, alors que la guerre fait rage. Il est vrai aussi qu'Israël a empêché la presse internationale d'être présente. Silence, on tue. Pas de témoins. Beaucoup parmi les manifestants cherchent les informations ailleurs, sur la chaîne arabe Al Jazeera, qui a des correspondants à Gaza. La guerre, c'est aussi gagner la guerre de l'image, des médias. Malgré Tsahal, le monde peut être informé par cette chaîne réputée pour son indépendance et son professionnalisme. Elle a les moyens de déjouer la mainmise sur l'information des grands groupes internationaux. Favorable à la rue arabe et musulmane, elle donne un autre son de cloche que celui régulièrement excusant Israël. Pour ceux qui voulaient connaître la vérité sur la guerre, elle est là, toute nue, cruelle, terrible, dévastatrice. Les images, les reportages, sont insupportables.

La puissance militaire israélienne excelle dans l'horreur, dans la high-tech, sa performance est d'une précision démentielle. Pourtant, on veut faire croire à des bavures de l'armée. Tant d'innocents sont la cible de feux que seuls les pyromanes savent allumer. Les hôpitaux donnent sans interruption le nombre de morts et de blessés qui augmente, d'heure en heure. Même les ambulances n'échappent pas aux raids.

Le soir, en rentrant, je trouve la réponse de Francisco.

« Je vais tout de suite envoyer ton poème à d'autres gens. Nous avons manifesté cet après-midi, plutôt concentrés. Les Arabes, pour la première fois – et il y en a plus de cent mille à Murcia et sa région –, étaient nombreux. Ils scandaient des slogans. Nous les mettions en espagnol et nous les scandions de même. Chez certains, la rage montait au visage et aux yeux. Il y avait même une représentation chrétienne, à côté du Forum social, du PS et de l'IU (gauche unie), l'Association Palestine de Murcia… Bonne année sans guerre. Paco »

Jeudi 1er janvier 2009

C'est une année nouvelle qui commence mais pas pour Gaza. L'armée israélienne poursuit ses raids. Jour et nuit. La liste des tués et des blessés continue à s'allonger. Les médias internationaux reprennent les chiffres transmis par les hôpitaux qui se remplissent, dans une comptabilité macabre. Pas de répit. Les secours sont difficiles, menacés, empêchés. Le corps médical manque de tout. Les soins, avec des moyens de fortune. Les médecins en appellent au monde, leurs témoignages sont accablants. Mais Tsahal continue à allumer ses feux d'artifice, à sa manière. Le monde peut fêter le Nouvel An, la nuit palestinienne lance d'autres cris.

Vendredi 2 janvier 2009

Je commence à recevoir les premières réactions de poètes, d'écrivains, d'amis, de collègues, d'universitaires de par le monde, choqués, scandalisés, outrés par la démesure de la violence de Tsahal. Beaucoup ne sont pas des partisans du Hamas, loin de là, mais face à la tournure insoutenable que prend l'offensive israélienne, ils découvrent soudain un autre visage de la prétendue défense de la sécurité de l'État d'Israël.

Samedi 3 janvier 2009

Le rassemblement pour la manifestation, place de la République, est imposant. La solidarité avec Gaza mobilise beaucoup de monde, associations, partis, organisations, de simples citoyens horrifiés par la violence des massacres. Il ne s'agit pas de soutenir le Hamas, du moins pas pour tous, mais de dénoncer la guerre, les bombardements de civils, les mensonges de l'armée. Des partis religieux sont présents, bien sûr, mais un grand nombre de mouvements laïcs, de juifs antisionistes aussi, sont dans le défilé. La condamnation des crimes commis, de la complicité de certains gouvernements européens, occidentaux ou arabes, le silence des instances internationales, mobilisent la colère et soudent les rangs, en dépit des divergences et des visions idéologiques. Cette guerre est loin d'être une guerre d'auto-défense, elle se pratique comme une volonté de destruction, de liquidation d'une population et de sa résistance.

L'offensive contre le mouvement de la résistance islamique, prétexte pour soumettre la bande de Gaza, est en train de devenir une boucherie humaine, une dévastation des biens et des infrastructures, une terreur contre les civils. Les bombardements aériens se sont intensifiés. Ils doivent préparer le terrain à l'offensive terrestre. Au plus vite.

De retour chez moi, après la manifestation, je reçois ce courriel de la poète syrienne Aïcha Arnaout. Grâce à Internet, Aïcha a constitué un réseau international d'informations, utile et efficace, une revue de presse quotidienne, à la mesure de la gravité des événements.

« L'Ambassade israélienne à Athènes a envoyé au député socialiste grec Theodoros Pangalos trois bouteilles de vin pour les fêtes de fin d'année. M. Pangalos a retourné les bouteilles avec une lettre datée du 30 décembre, dont sont extraites ces lignes :

"Cher Ambassadeur

... J'ai malheureusement noté que le vin que vous avez offert a été produit sur les hauteurs du Golan. J'ai toujours su, depuis tout petit, que l'on ne doit ni voler ni accepter les fruits d'un vol. Je ne peux donc accepter ce cadeau et je dois vous le restituer. Comme on le sait, votre pays occupe illégalement les hauteurs du

Golan qui appartiennent à la Syrie, selon le droit international et de nombreuses décisions de la communauté internationale...

Les actions comme celles que les militaires israéliens exercent actuellement à Gaza rappellent les holocaustes de Grecs à Kalavrita, Doxato, Distomo et certainement dans le ghetto de Varsovie." »

Dimanche 4 janvier 2009

Le site « Contre Info » traduit « Gush Shalom », un article publié la veille par l'intellectuel pacifiste israélien Uri Avnery. Dans « Israël a manqué un rendez-vous avec l'histoire », Avnery en arrive au constat qu'Israël a raté une chance historique de faire la paix avec le nationalisme arabe laïque et sera confronté demain à un monde arabe uniformément fondamentaliste, un Hamas multiplié par mille. L'article foisonne de points de vue audacieux, de critiques sans ambages du gouvernement israélien. Ainsi écrit-il : « Quel était le but recherché ? Tzipi Livni l'a annoncé ouvertement : liquider le pouvoir du Hamas dans la bande de Gaza. Les roquettes Qassam ont seulement servi de prétexte. » Et de rappeler :

« Après tout, ce n'est pas un secret, c'est le gouvernement israélien qui a mis en place le Hamas. Lorsque j'ai interrogé un jour Yaakov Peri, ancien dirigeant du Shin Beit, à ce sujet, il m'a répondu : "Nous ne l'avons pas créé, mais nous n'avons pas entravé sa création." » Il ajoute : « Pendant des années, les autorités d'occupation ont favorisé ce mouvement islamique dans les territoires occupés. Toutes les autres activités politiques étaient vigoureusement réprimées, mais leurs activités dans les mosquées ont été autorisées. Le calcul était simple et naïf : à l'époque, l'OLP était considérée comme le principal ennemi, Yasser Arafat était le Diable. Le mouvement islamique prêchait contre l'OLP et Arafat, et a donc été considéré comme un allié. »

Il ne faut pas être diplômé en sciences politiques pour se rendre à l'évidence que les différents gouvernements israéliens ont toujours cherché à affaiblir les Palestiniens, laïcs ou islamistes, modérés ou extrémistes, négociateurs ou radicaux, à nourrir les conflits entre eux, à monter les uns contre les autres. Depuis la première intifadha, en 1987, qui a échappé aux exécutions, à l'emprisonnement, aux assassinats ciblés ? Les laïcs ? Les fondamentalistes ? Les membres du Fatah ? Le cheikh Ahmed Yassine et ses compagnons ? Arafat assiégé dans La Mouqataa et protégé par la chaîne humaine des militants internationaux ? Personne ne doute de la sincérité d'Uri Avnery, véritable défenseur de la paix, ses nombreux articles en témoignent et méritent d'être plus connus, mais il est légitime de douter de la bonne foi du gouvernement israélien à accorder un jour une chance à la paix. La violence contre Gaza en est la preuve.

Lundi 5 janvier 2009

L'hebdomadaire *Le Courrier international* publie un texte traduit du poète israélien Jonathan Geffen, paru auparavant dans *Maariv*, « Les dirigeants israéliens n'ont pas de plomb dans la tête », où il écrit notamment : « Ainsi, à l'occasion des fêtes de Hanouka, nous avons inventé un nouveau spectacle pour le plus grand plaisir des enfants, spécialement pour ceux de Gaza : le Festigaza, un spectacle de pyrotechnie qui a l'avantage de bénéficier du concours extraordinaire de l'armée israélienne, le tout diffusé vingt-quatre sur vingt-quatre. » Et d'ajouter : « Une fois de plus, nous faisons la seule chose que nous semblons savoir faire : un massacre de masse qui finit toujours par être perçu comme une sorte de génocide (pardonnez-moi l'expression), une opération de destruction et de dévastation qui nous amène, encore et toujours, plus de dévastation et de destruction. »

C'est sous la plume de ce poète, dont je ne connais pas l'œuvre, mais dont je remarque l'intégrité, que je lis : « À cet égard, quoi de plus troublant que de découvrir que le nom du pogrom que nous sommes en train de commettre est tiré d'un poème de Bialik, *Plomb durci*, le "poète des pogroms" ? » Comble du cynisme militaro-politique, j'apprends donc que l'offensive israélienne porte le titre d'une comptine enfantine qui célèbre la fête de la Hanouka où il est question d'une toupie en plomb durci. Elle est composée par Haïm Nahman Bialik (1873-1934), réputé dans la littérature hébraïque pour avoir dénoncé un pogrom qui entraîna la mort de quarante-neuf juifs, en 1903, en Russie. Et c'est l'honneur de Jonathan Geffen que d'écrire avec courage : « Honte sur vous, militaires, si après ma mort, vous décidez de baptiser l'une de vos opérations en vous inspirant de mes poèmes. » En lisant cet article, je suis touché par la dimension morale de cet auteur. Il révèle ainsi au monde comment la puissance militaire détourne la poésie à des fins immorales, utilise la force des armes contre la force de la poésie. Une comptine festive et enfantine sert à semer la terreur, la beauté de l'innocence au service de la guerre. Au fond, les habitants de Gaza doivent payer pour les pogroms commis en Russie. Depuis des décennies, il en va ainsi du sort des Palestiniens. Leur crime est d'être nés en Palestine. Je suis rassuré de lire ce texte. Tous les Israéliens n'ont pas perdu leur âme et les poètes, même s'ils sont minoritaires, restent la conscience qui défend la vérité et grandit les hommes, et non celle qui les avilit.

Mercredi 7 janvier 2009

De Grèce, les universitaires et animateurs de la revue littéraire *Racine*, Georges et Maria Freris, m'envoient ce message : « Nous sommes très inquiets devant cette situation internationale qui ne respecte aucune loi, qui méprise toute éthique, qui, cyniquement, se comporte avec dédain envers le faible et le pauvre, où le puissant ne sait pas utiliser sa force pour convaincre l'autre mais préfère l'écraser. Espérons que les pseudo-interventions européennes aboutiront à une solution devant ce fanatisme sans bornes. »

Jeudi 8 janvier 2009

Salam sur Gaza paraît dans le supplément « Arts et Lettres » du quotidien algérien *El Watan*, à côté du poème *État de siège* de Mahmoud Darwich écrit à Ramallah en 2002. L'Histoire se répète. Son poème avait déjà été publié dans *Le Monde diplomatique*, dans une traduction de Salwa Ben Abda et Hassan Chami. Mahmoud Darwich y disait :

Le martyr m'éclaire : je n'ai pas
Cherché au-delà de l'étendue
Les vierges de l'immortalité
Car j'aime la vie
Sur terre, parmi les pins
Et les figuiers
Mais je ne peux y accéder
Aussi y ai-je visé
Avec l'ultime chose qui m'appartienne
Le sang dans le corps de l'azur

Vendredi 9 janvier 2009

La Haut-Commissaire aux droits de l'homme des Nations unies, Navi Pillay, magistrate d'origine sud-africaine, demande une enquête indépendante concernant la violation du droit international humain dans la guerre que mène Israël contre Gaza et qui a provoqué, à ce jour, plus de huit cents morts et trois mille trois cents blessés. La représentante à Genève évoque les atteintes graves aux droits humains dans les Territoires palestiniens, notamment le massacre de trente Palestiniens civils dans une maison à Hayy Zeitoun, à Gaza, bombardée par l'armée israélienne. Cette dernière a laissé des enfants affamés pendant quatre jours, accrochés au cadavre de leur mère ainsi qu'à d'autres cadavres. La représentante condamne fermement le bombardement d'une école appartenant à l'UNRWA où ont été tués des dizaines de civils qui y cherchèrent refuge. Elle appelle à une enquête internationale crédible concernant toutes ces violations qui peuvent être considérées comme des crimes de guerre.

Samedi 10 janvier 2009

Depuis quelques jours, l'offensive terrestre a commencé. Les raids et les bombardements ont préparé le terrain. Quel courage pour une armée si puissante ! Tard dans la nuit, dans l'obscurité, guidée par les caméras infrarouges. Il faut achever ce que le ciel n'a pas réussi à raser. Tuer ceux qui se cachent. Tirer sur tout ce qui bouge.

L'après-midi, nous étions plusieurs milliers à manifester. Je n'appartiens à aucun parti, à aucune organisation politique. Je marche avec un ami. En silence. D'autres, dans le cortège, crient leur colère avec slogans et banderoles, drapeaux et musique. Voilà deux semaines que les Palestiniens reçoivent les bombes, vivent dans la terreur. Ils doivent maintenant survivre aux coups de canon, aux chars. Les puissants de ce monde continuent leurs palabres, sans fin. De nouveaux héros inattendus sont salués dans le monde arabe : le Premier ministre turc, le président vénézuélien. Israël est condamnable mais qui ose le condamner ? La rue arabe ? La rue musulmane ? Les esprits épris de droits humains en Occident ? Je marche, amer, abattu. Non pas à cause des travers de l'Histoire mais de désespoir. Pas d'issue en vue. De victoire en victoire, les Israéliens deviennent encore plus arrogants, plus durs. Que veut-on ? Que les Palestiniens disparaissent de la carte comme les Indiens de l'Amazonie ou les anciens Américains ? D'ailleurs, quelques intellectuels commencent à justifier ce discours : après tout, l'Histoire a été ainsi faite, une histoire de conquêtes et que le puissant gagne ! Comment s'étonner alors de la résistance du Hamas ?

Dimanche 11 janvier 2009

De New York, la poète Marilyn Hacker, que je connais depuis plusieurs années, m'envoie un message où elle condamne le Salon du tourisme israélien qui se prépare à Paris.

« En tant que femme laïque d'origine juive, je suis, comme Rina, écœurée – ayant lu et vu les reportages de Gaza, ayant manifesté hier avec mes ami(e)s et camarades – par le cynisme de ceux qui organisent un tel salon pendant un massacre. Et M. Richard Falk, le Rapporteur spécial de l'ONU, d'origine juive, lui aussi, refoulé à la frontière israélienne, serait-il le bienvenu cette fois-ci ? » Marilyn Hacker est l'amie de nombreux poètes arabes et palestiniens dont elle a parfois traduit les œuvres. Tout au long de la guerre, presque quotidiennement, elle transfère des courriels, des messages, des articles, des vidéos pour dénoncer l'offensive de l'armée israélienne et son discours belliqueux. Être aux aguets de la vérité, aider à son émergence, ne pas se voiler la face, garder haute sa conscience morale, donner au poème ses lettres de noblesse, n'est-ce pas là quelques exigences de l'écriture ?

Lundi 12 janvier 2009

De Gaza, via Internet, parvient une lettre bouleversante, émouvante dans ses maladresses – mais qui s'en offusquera ? –, adressée par Salma Ahmed, professeur de français au Centre culturel français. Elle y écrit :

« Chers amis,

Ne vous inquiétez pas, je suis encore vivante... Mon absence était à cause de la coupure d'électricité qui a duré 4 jours... J'ai beaucoup de choses à vous dire.

Je vous ai écrit la dernière fois le 6 janvier. Dans les 5 jours derniers, beaucoup d'événements se sont passés : les bombardements ne s'arrêtent pas du tout. Les forces israéliennes avancent et entrent dans la bande de Gaza de tous les côtés pendant la nuit. Tout un quartier a été obligé de quitter leurs maisons au nord-ouest de la bande de Gaza. Ceux qui sont restés dans ce quartier sont perdus maintenant, les forces israéliennes les ont arrêtés. Personne ne sait où ils sont !! Des cadavres se trouvent dans quelques quartiers dans toute la bande de Gaza et personne n'arrive à les chercher, sinon, il sera bombardé !! Les Israéliens laissent leurs chiens attaquer les gens dans ce quartier !!!!! La nouvelle arme qu'Israël utilise maintenant c'est les bombes à gaz de phosphore. Ces bombes brûlent les maisons et les corps. C'est très dangereux de les aspirer, mais on les a tous aspirés, car le gaz est entré dans toutes les maisons de Gaza. Des martyrs et des blessés sont tombés à cause de ce gaz. Dans la ville de Gaza, le coupure d'électricité et d'eau continue pour le 16ème jour. Chez moi, on n'a pas d'eau ça fait 3 jours !!!! Vous avez peut-être entendu parler de la trêve de trois heures de 13h à 16h (heure de Palestine). Je vous assure que cette trêve n'a rien changé. Les bombardements et les tirs continuent même pendant ces trois heures !!! Un de mes cousins, à 18 ans, était devant la porte de sa maison avec ses frères et son cousin. Les Israéliens ont bombardé la rue où se trouve sa maison, il est tombé martyr avec son cousin, ses frères ont été blessés !! Leur seul tort c'est qu'ils habitent à Gaza !!! En ce moment où je vous écris, les hélicoptères israéliens tirent très près de chez moi !!! C'est catastrophique ce qui se passe maintenant à Gaza, les ambulances ne roulent plus, il n'y a pas d'essence. Les ânes sont les nouveaux moyens de transport pour transporter les martyrs et les blessés. Les hôpitaux ne peuvent plus recevoir de blessés. Un hôpital au sud de Gaza a été bombardé, des autres sont menacés !!!! À cause de la coupure d'électricité, on ne peut pas regarder la télé ou écouter la radio pour suivre ce qui se passe autour de nous !! C'est rigolo, on a les nouvelles parfois par nos proches qui nous appellent de l'étranger !!! La guerre contre Gaza n'est pas seulement une guerre militaire, mais aussi psychologique : chaque semaine, les téléphones des gens sonnent pour recevoir un message enregistré en arabe de la part de l'armée israélienne pour menacer les gens d'augmenter leurs actions si les gens protègent les résistants !!! Des gens nous appellent en disant qu'ils sont arabes et qu'ils nous appellent des pays arabes pour nous soutenir mais en fait c'est pour avoir des nouvelles sur la résistance !!!! Au 16ème jour, 890 martyrs dont 279 enfants et 94 femmes, et plus que 3 600 blessés !!!!

Chers amis, je ne vous écris pas ces témoignages pour vous dire que j'ai peur et que la guerre est dure. Je vous écris pour vous montrer la vérité, pour vous dire qu'il y a tout un peuple qui souffre de l'injustice. J'écris ces lettres pour Gaza, pour qu'il soit sauvé, et pour vous, pour que vous soyez au courant de ce qui se passe et pour que les médias influencés par les Israéliens ne vous trahissent pas !!! Pendant la trêve qui a été finie avant ces événements, Gaza était sous le blocus. Israël voulait tout contrôler, il n'a pas laissé entrer la nourriture et enfin il a coupé l'électricité. Les Palestiniens devaient sortir du blocus, alors, ils ont construit les tunnels avec l'Égypte pour faire entrer la nourriture et tout ce qui est nécessaire pour vivre. Israël, aujourd'hui, détruit ces tunnels pas parce qu'ils menacent sa sécurité, mais son économie. En tant qu'habitant à Gaza, j'ai vu que le Hamas a respecté la trêve... les roquettes du Hamas sont le prétexte pour qu'Israël fait tout ce qu'il veut.

Chers amis, même si le Hamas a des armes, elles sont rien à côté des armes israéliennes. On n'a jamais vu un avion civil ou militaire à Gaza !!! On est occupé ça fait 60 ans. On ne peut pas supporter. On a accepté les accords de paix, ça n'a rien changé, au contraire, ça a rendu l'état d'Israël plus fort qu'avant !!! À votre avis, qu'est-ce qu'on doit faire maintenant ?!!! On laisse les Israéliens nous tuer et nous obliger encore une fois à immigrer de nos territoires ? Je répète le mot "JUSTICE" beaucoup dans mes articles. C'est parce que j'entends ce mot toujours des Palestiniens !!! Elle est où la justice ? Elle se cache ? Elle est morte ? J'espère qu'elle n'est pas encore morte !! Je vous assure que notre nuit sera très chaude pleine des roquettes et des tirs, il est 23 h 20 et elle a déjà commencé !!!! »

Salma continue ainsi à crier sa douleur et celle des siens. Tsahal n'en a cure. L'opinion internationale s'en émeut mais qui peut donc arrêter le déluge de bombes ? Les manifestations se multiplient de par le monde, la rue de beaucoup de capitales arabes, musulmanes, européennes et occidentales est en ébullition, cela ne dissuade nullement l'armée israélienne de persister dans son offensive sanguinaire. Certains dénoncent déjà les crimes de guerre, la violation des lois de la guerre, rien n'y fait. L'offensive est de plus en plus meurtrière, personne ne raisonne le gouvernement israélien, pris comme par une ivresse de sang, une volonté de tout détruire, une folie collective. Les grands de ce monde essaient de se réunir, de jouer aux intermédiaires, d'empêcher la poursuite de la guerre. De réunion en réunion, leurs remontrances sont si modérées qu'elles encouragent en réalité Tsahal à aller de plus belle dans la destruction. Le gouvernement de l'Égypte voisine, même s'il joue au médiateur nécessaire et obligé, protège d'abord ses intérêts nationaux, laisse faire l'armée israélienne alors que sa population bout et manifeste. Salma peut écrire sa lettre sous les bombes, sa vie ne compte pas devant les calculs politiques des chefs, les palabres internationales. Que vaut notre vie de citoyen face au projet d'un stratège ?

Mercredi 14 janvier

« Cela ne vous rappelle rien ? » Sous ce titre, André Chenet, qui anime le site « Danger Poésie », publie sur la toile un poème écrit par Tristan Cabral à Bir Hassan, Beyrouth, et qu'il a lu à « La Journée de la terre », en Palestine occupée, en octobre 1983. Le texte avait paru en ligne auparavant, le 27 octobre 2007. Tristan Cabral est un irréductible. C'est un ami personnel de Mahmoud Darwich.

Sabra et Chatila

Je reviens de là-bas
Et revêtu du crime !...
Là-bas
Ils sont entrés
Dans les camps à six heures
Sur leurs armes on voyait un visage de femme
Comme on voit dans les églises

Ils ont tué aux lueurs des phares et des fusées
Et Nous
Nous regardions
Du haut des immeubles

Ils ont tué au couteau
Ils ont tué à la hache
Femmes et enfants
Hommes et chiens
Ils ont tué Fatima Ali Mouloud Leilah
Et le petit Wafa qui n'avait que sept mois
Ils ont tué au couteau
Ils ont tué à la hache
Arraché les fœtus dans les ventres ouverts
Ils ont tué à la hache

Pendant quarante heures ils ont tué
Cinq mille sept mille peut-être

Et Nous
Nous regardions du haut de nos terrasses…

La lecture de ces vers m'emplit d'horreur, j'ai du mal à aller jusqu'au bout et je ne peux m'empêcher de penser au témoignage poignant écrit par Jean Genet, « Quatre heures à Chatila », paru dans la revue *Études palestiniennes*, n° 6 hiver, 1983. Rarement le massacre de Palestiniens n'a autant démasqué la barbarie et la sauvagerie des assassins et des tueurs que sous la plume de cet écrivain. Libanais, phalangistes et partisans de Haddad, sous les ordres des Israéliens, profitant du départ de l'OLP et de ses combattants de Beyrouth vers Tunis, se sont joints pour commettre les crimes les plus abominables contre les civils des camps. Qui pouvait croire le Premier ministre Menahem Begin, affirmant à la Knesset : « À Chatila, à Sabra, des non-juifs ont massacré des non-juifs, en quoi cela nous concerne-t-il ? » Ces crimes sont toujours impunis et Ariel Sharon, alors ministre de la Défense, a échappé à la justice belge où a été déposée une plainte contre lui.

Jeudi 15 janvier 2009

De Tunis, je reçois, avec un peu de retard, l'appel « Ghaza dans nos yeux », lancé dès le 7 janvier par les artistes tunisiens Jalila Baccar, Anouar Brahem, Habib Bel Hedi, Fatma Ben Saïdane, Fadhel Jaïbi et Nawal Skandrani. Ils rappellent qu'ils sont laïques, indépendants, outrés par un message qui leur a été envoyé par un homme de théâtre européen, artiste avisé et humaniste avéré, un ami de surcroît : « Devant nos yeux, une bande de fanatiques récolte les fruits amers de leurs provocations irresponsables et font payer à leur peuple pris en otage leurs folies meurtrières. » Et eux de réagir : « Devant nos yeux, un État, raciste et belliqueux, sème depuis 1948 le fruit de sa domination irresponsable et fait payer à un peuple et à toute une région pris en otages, sa folie meurtrière. » Personne ne peut soupçonner ces comédiens, musiciens, chorégraphes aux admirables talents de leur sympathie pour un quelconque mouvement islamiste radical. Leurs voix célèbrent avec goût et conviction l'amour de la vie, la liberté des individus, la lumière du monde. Comment pourraient-ils tolérer l'aveuglement, la mort, la destruction des êtres et de leurs biens ? Leur appel ne manque pas de colère contre l'intoxication médiatique en Occident, contre ce qui est, ici, considéré comme résistance et lutte pour sa dignité, là, terrorisme et fanatisme. La générosité de l'art est qu'il traduit la grandeur d'âme et ne peut souffrir la raideur de l'esprit, sa violence. Qu'est-ce qu'un art qui n'a pas le souci de l'humain ?

La tragédie humaine est que, là où le musicien enchante la flûte, le militaire n'y voit que clairon pour réunir les bottes, là où le peintre fait danser son pinceau sur la toile, l'officier le considère juste une baguette sur une carte de conquête. Nos airs ne sont pas les mêmes, nos tracés, non plus.

Lundi 19 Janvier 2009

La guerre s'est arrêtée hier. Demain, Barack Obama, le nouveau président americain élu, prendra l'exercice effectif de ses fonctions. Il ne fallait pas lui gâcher la fête. Le monde entier célèbrera l'arrivée d'un Noir à la tête de la Maison Blanche. La cérémonie qui se prépare sera à la hauteur de l'événement mondial exceptionnel. Il fallait « nettoyer » Gaza avant l'arrivée du nouveau pouvoir. On ne sait jamais. Et si cet Américain démocrate, de père musulman, venait à contredire les visées israéliennes ? De toutes les façons, les Israéliens devront élire un gouvernement dur, le plus à droite possible, pour ne pas faire de concessions à l'administration américaine en cas de demandes pressantes. Ah ! Le bon temps des néo-conservateurs et de leurs thèses anti-islamiques, anti-arabes, des maîtres en choc de civilisations, des chrétiens pro-sionistes, des saintes embrassades et des feux verts. L'Irak est dans un chaos total. Le Liban se remet de ses cendres. La Palestine est entièrement occupée. La résistance matée. Le monde arabe peut continuer à rêver, nous, nous ne partagerons jamais la terre sainte, Jérusalem ne sera jamais divisée, affirment les Israéliens.

Jeudi 22 janvier 2009

Il faut maintenant faire le bilan. Constater les dégâts. Les observateurs internationaux autorisés, parce qu'on ne peut les en empêcher, viennent admirer les désastres. La désolation laissée est une belle leçon d'humanité. Elle porte les traces d'un désir de paix et de bon voisinage. Elle témoigne d'une sagesse millénaire sur la terre sainte. Israéliens et Palestiniens pourront s'embrasser comme des frères. Plus de cinq mille blessés, plus de mille quatre cents morts parmi les Palestiniens. Des écoles, des hôpitaux, des bâtiments, des maisons en ruine. Treize tués du côté israélien. Les voix qui s'élèvent pour traduire Israël devant une Cour pénale internationale sont noyées dans les méandres juridiques, comme toujours. Cela est bon pour le Rwanda et le Soudan, la Serbie, peut-être. Les médias, dont beaucoup ont brillé par leur objectivité, passeront à autre chose. Ce n'est qu'une mauvaise parenthèse dans l'actualité du monde, si riche, un événement regrettable, provoqué par quelques roquettes lancées par des barbus irresponsables ! Gaza pourra dormir en paix maintenant. L'occupation veille au grain. Le blocus se poursuivra. Qu'on pousse les derniers Palestiniens dehors. Comment les laisser vivre sans être terrorisés ? Ceux qui veulent apporter de l'aide à Gaza devront attendre longtemps pour qu'on leur ouvre le passage de Rafah, à la frontière avec l'Égypte. De quoi se mêlent-ils ceux-là ? Ils osent avoir des sentiments de solidarité avec les lanceurs de roquettes. Pas d'aide possible pour ceux qui creusent des tunnels. Qu'ils crèvent sous terre ! Que les bombardements les enterrent vivants. Qu'ils vivent à la rue, parmi les gravats et les détritus, qu'ils mangent de l'herbe avec leurs ânes. Nous, c'est la plus grande démocratie dans la région. Notre armée est civilisée. Notre pays est la plus belle chose que l'Histoire ait faite, comme le dit la publicité touristique. Nous, c'est la maîtrise de la plus haute technologie. Notre puissance est invincible. Nous sommes le cinquième marchand d'armes au monde. Nos armes sont des plus redoutables. Nous les essayons sur les Palestiniens avant de les vendre à d'autres amateurs de guerre et collectionneurs de conflits. La voix des poètes est risible, pitoyable. Elle parle de murs à abolir, de partage des terres, de fraternité universelle, de morale humaine, de dignité des êtres, de respect de la vie. Qu'elle aille en enfer !

Vendredi 23 janvier 2009

L'AFP rapporte des témoignages insoutenables de Palestiniens survivants dont les Israéliens ont tué les parents. « Zahoua Samouni est toujours sous le choc, écrit l'article publié en arabe, quand elle se remémore l'assassinat de son mari et de son fils par les soldats israéliens devant ses yeux. Elle raconte comment les soldats ont tiré sur les membres de sa famille avant que les bulldozers ne détruisent sa maison à Hayy Zeitoun, à l'est de Gaza, après que les avions l'eurent bombardée avec une fusée. Attia Samouni, le mari (cinquante-deux ans) a été tué aux premières heures du début de l'offensive terrestre, le 10 janvier, devant ses deux épouses, Zahoua et Zinet, et ses quatorze enfants. » D'autres membres de la famille décrivent la boucherie à laquelle ils ont assisté. Tel Iyad Samouni, qui révèle comment les soldats israéliens ont tiré sur son enfant dans ses bras, qui n'avait pas deux ans et demi. Il n'y avait ni armes ni résistance. La volonté délibérée des soldats était de tuer, d'incendier, de voler même les biens des morts, d'empêcher les secours. Accablant ![1]

Dimanche 25 janvier 2009

Marilyn Hacker, l'amie new-yorkaise, m'envoie son poème : *Un enfant de Gaza.*

1. Voir aussi www.liberation.fr

Renga

Cinq ou six ans et déjà témoin de vérité
La petite fille de Gaza en vert
Se tient dans les ruines de sa maison,

Souillée, révoltée. Elle
montre du doigt tandis qu'elle dit l'horreur

des bombardements, du feu. *Ici, tout*
pue le gaz. Nous avons dû jeter
nos vêtements. Même les boucles d'oreilles

que mon père m'avait offertes. Pas de martyr.
Déjà résistante. Là, le berceau brûlé…

(Trad. André Chenet)

Mardi 27 janvier 2009

Le journal *La Croix* publie « Israël n'est pas le judaïsme », un texte de Jean-Christophe Attias, directeur d'études à l'École pratique des hautes études et titulaire de la Chaire de pensée juive médiévale. Il y écrit, notamment : « Le judaïsme, patrimoine culturel et spirituel plurimillénaire, prodigieusement riche, complexe et contradictoire, vaut infiniment plus que les errements d'un État de fraîche date qui, pour juif qu'il se dise et pour légitime que soit son existence, n'est rien de plus qu'un État. C'est le judaïsme qui est un humanisme, et comme tel c'est au meilleur qu'il aspire. Le sionisme, lui, est un nationalisme, et à ce titre, il est capable du pire comme du meilleur ; il peut libérer et créer, mais aussi exclure, opprimer et détruire ; et je ne puis croire un seul instant que le judaïsme ne m'oblige pas à voir comme un scandale l'oppression dont un peuple est l'objet, la privation totale de liberté qui est son lot quotidien, les souffrances qui lui sont infligées, le déni de son irréductible humanité. » Le texte est là, heureusement, pour distinguer, avec une honnêteté intellectuelle, le politique du religieux, la foi spirituelle de la violence militaire. Écrire « La sionisation contemporaine du judaïsme est à la fois l'un des signes et l'une des causes de son étiolement » est digne d'une pensée lucide et indépendante. Peut-on demander aux médias de donner plus de place à ce discours ? Comment faire pour que cette parole juste soit plus lue et plus écoutée ?

En juillet 2007, je me retrouve à Djerba pour rencontrer des enseignants de français et présenter mon dernier livre. Mes pérégrinations dans l'île, lors de mon bref séjour, me guident vers la synagogue d'El Ghriba. La paix des lieux, l'éclat de la lumière, le silence alentour, les murs blanchis à la chaux, les tombes séculaires, le bleu des portes et des fenêtres m'inspirent toute la quiétude due à ceux pour qui la foi est une élévation, une haute dimension de l'humain en quête de purification. Le lieu de pèlerinage de mes compatriotes de confession juive, attachés à cette terre, était là, debout, dans son ancienneté, son historicité. Je suis fier que mon pays respecte la foi de chacun, veille aux lieux de culte, dans leur diversité et leur liberté. Et si la synagogue aujourd'hui est gardée, c'est que des fanatiques l'ont attaquée, des intolérants aux idées obscures sont prêts à tuer pour imposer leur vision. Entre ceux-là et ceux qui imposent leur loi à Gaza, et continuent d'occuper la Palestine, quelle différence ?

Mercredi 28 janvier 2009

Le journal *Le Monde* publie une lettre remarquable et émouvante de l'écrivain Jean-Moïse Braitberg : « Effacez le nom de mon grand-père à Yad Vashem. » Il s'adresse avec beaucoup de courage au président de l'État d'Israël, Shimon Peres.

« Monsieur le Président, j'observe que malgré plusieurs dizaines de résolutions prises par la communauté internationale, malgré l'évidence criante de l'injustice faite au peuple palestinien depuis 1948, malgré les espoirs nés à Oslo et malgré la reconnaissance du droit des juifs israéliens à vivre dans la paix et la sécurité, maintes fois réaffirmés par l'Autorité palestinienne, les seules réponses apportées par les gouvernements successifs de votre pays ont été la violence, le sang versé, l'enfermement, les contrôles incessants, la colonisation, la spoliation. »

On ne peut lire ces propos qui honorent leur auteur sans remarquer d'autres points de vue plus nombreux et plus présents dans les médias, émis par des intellectuels juifs tout au long de la guerre, comme Alexandre Adler, Alain Finkielkraut, André Glucksmann ou Bernard-Henri Levy. Cela n'est pas étonnant. Ils étaient déjà là pour soutenir la guerre américaine contre l'Irak. Au nom du droit d'ingérence. Soit. Mais qu'est-ce qui fait qu'un écrivain comme J.-M. Braitberg trouve la force de crier haut la vérité et que d'autres soient devenus des inconditionnels de la guerre ? Son intégrité morale ? Son attachement aux valeurs humaines ? Son rejet du mensonge ? La force morale d'un écrivain est d'être juste, même contre les siens. Le poids de sa parole se mesure non au nombre de marches qu'il escalade vers la gloire, mais à la défense des valeurs fondamentales les plus profondes. La plume qui marque son temps est celle qui veille à libérer la vérité, même la plus difficile à dire, non celle qui se complaît dans sa falsification ou en est prisonnière. Le respect qu'on doit à une écriture provient de l'égalité qu'elle établit entre toutes les souffrances de tous les humains, d'où qu'ils viennent, où qu'ils soient. Ceux qui transforment leur souffrance en exclusivité ou en douleur supérieure pèchent par orgueil, justifient la colonisation, deviennent des va-t-en-guerre, dressent les murs de la cécité, se rendent aveugles. L'importance d'une parole ne réside pas dans la puissance de son cri mais dans la hauteur du silence qu'elle impose.

Jeudi 29 janvier 2009

Je n'ai que ma plume pour condamner la haine, dénoncer l'injustice, déjouer le mensonge. Je n'ai que ma plume pour désavouer l'arrogance des armes, l'ivresse de la puissance, la violence des conquêtes. Le monde ne peut laisser le sang des innocents couler sur les pierres de prière, le monde ne peut se cacher la face au nom de la culpabilité. L'horrible holocauste, mille fois condamnable, abject et monstrueux, ne peut excuser la mort, l'humiliation de l'Autre, l'occupation de sa terre. Une tragédie ne peut en justifier une autre. L'écriture crédible ne peut devenir complice de ceux qui sèment la terreur. L'Histoire n'est pas une revanche sur les faibles ni une vengeance. Non plus, une volonté de mort. Mais comme il est difficile de bâtir ce qui élève l'Homme, ce qui l'extrait à sa médiocrité et l'éloigne de son aveuglement ! Non, le poème ne peut célébrer la tyrannie, se mettre au service de la raison obscure, devenir œuvre de propagande.

Tsahal est une armée morale, disent ses porte-paroles. Légitime défense. Sécurité d'Israël.

Toute cette dévastation, ces morts, ces blessés, alors ? Une guerre virtuelle ? Une invention des Palestiniens ? De leurs alliés, de leurs soutiens ?

Très tard, dans la nuit de mardi, j'écris en imaginant la terre sainte, les groupes de pèlerins, leur quête de paix intérieure le long des siècles, les messages des prophètes, les conquêtes des uns, les croisades des autres, la beauté majestueuse des lieux et la violence de l'Histoire. D'où vient à chaque religion ce besoin de s'affirmer comme meilleure, de vouloir chasser l'autre foi, de s'imposer comme seule valable ? Mais s'agit-il de croyance ou de colonisation ? Tous ces avions, ces chars, ces fusées, ces bombes, ces bottes, ces roquettes, ce sang, au nom de la foi ? Non, je ne le crois pas. Un temple de prière n'est pas un champ de tir.

Épopée du thym de Palestine

Mahmoud Darwich en mémoire

J'embaumais collines et plaines
Nourri de l'éclat de la lumière
Et tenais compagnie aux pas des errants
Dans le sacre de la terre
Tous ces dômes clochers et temples
Offrandes pour mille prières

Cette pluie soudaine pour mêler
Mes fragrances à l'endurance des pierres
Toujours aux aguets des fissures béantes
Les roches retenant mes chutes
Au crépuscule des siècles qui se couchent
Dans la fosse de l'Histoire

Je t'aimais rumeur de la mer si près
Qui consolait mes frémissements
Alliés aux flûtes bercées par les oliviers solaires
Ils sont venus de nuit avec leurs chars
Reptiles aux chenilles aiguisées raser mes brins
Piliers du songe bâti comme une rivière

Et je vous revois enfants brûlés au phosphore
Les cendres noircies par les nuages blanchis
De sang et de lâche poussière
Sous les ciels blessés par le plomb durci
Les hôpitaux saignés par cent obus
Les écoles comme des cimetières

Et je n'oublie la course du vent
Pour éteindre vos torches sans génie
Comment prétendre que le fusil se cache
Dans la farine les fusées dans la cuisine
Quand les lits sont éventrés sur les corps
Endormis les seuils souillés par l'infamie

Comment ne pas vous voir chauves-souris
Dans la cécité de la nuit
Bottes conquérantes qui marchent sur mes étés
Lavés de citronniers séculaires
Comment ne pas vous reconnaître corbeaux
Dans les drones sans cerveaux

Et l'hiver couvert par les pleurs des sirènes
Les maisons comme des tombes sans sépultures
Parmi les cris sombres parmi les décombres
Je consolais les étoiles réveillées en sursaut
Affolées par les traînées de vos poudres
Mes feuilles tendres martyres de vos
incendiaires

Je vous le dis le thym c'est pour parfumer
Le pain à l'huile d'olive pétri de mes feux
Non pour allumer les brasiers
Ni le romarin compagnon de mes cyprès
Ni l'eau détournée de sa source
Ne pardonneront à votre mémoire ses trous

Je vous le dis le thym c'est pour les chemins
Augustes et fiers non pour les vautours
Le thym c'est pour le repos des oiseaux
Libérés de leur peur et de leur détresse
Non pour affamer les arbres et les nids
Non pour punir les mères et leurs berceaux

Je vous défie hyènes et vous casques
Le thym même cerné par le Mur
Percera la mer le ciel et la terre
Tant d'armées pour une herbe
Ne pourront empêcher mes arômes
D'être dédiés aux humains à bras ouverts

II

VOYAGE EN PALESTINE

Je suis invité, à l'occasion du Printemps des Poètes, par le Centre culturel français de Naplouse, à faire des lectures de poésie dans les Territoires palestiniens occupés : Naplouse, Jérusalem-Est, Bir Zeit. Mon calendrier ne me permettait pas d'en donner une à Ramallah. Les Israéliens n'ont pas autorisé une rencontre au Centre culturel français de Gaza. J'ai demandé à ne pas arriver en Palestine par Tel-Aviv mais par Amman.

Amman, Jordanie
18 mars 2009

À l'aéroport d'Amman, je débarque parmi la foule de touristes français. Il est presque 18 heures. Le visa est accordé sur place après avoir fait le change en dinars jordaniens.

Un premier policier des frontières, poli et courtois, colle le timbre fiscal sur mon passeport puis m'indique avec son doigt un autre policier, en face. « Allez au guichet n° 1, dit-il, il y a de fortes chances pour que vous passiez plus vite avec celui-là. » Que n'a-t-il pas dit ! Je présente mon passeport, salue en arabe. Quelques instants après commence un vrai interrogatoire. « Nom du père ? Nom du grand-père ? Vous vous appelez Mohammad Bakri ? — Mohamed Tahar Bekri, comme c'est écrit sur le passeport », je réponds. Il vérifie longuement son écran. « Vous êtes de quelle origine ? — Tunisienne, comme sur le passeport. — Vous avez des parents palestiniens ? — Non, dis-je, mais le nom de Bekri, Bakri, vous savez, existe aussi en Tunisie et dans tout le Maghreb. — C'est la première fois que vous venez en Jordanie ? — Oui. Je suis poète, invité par le Consulat général de France pour me rendre en Palestine, en Cisjordanie (Cisjordanie se dit en arabe rive gauche). » L'examen de l'écran dure. Je reste très calme. « Vous vous appelez Mohammad Bakri ? demande-t-il, de nouveau. — Non, Mohamed Tahar Bekri. » C'est étrange, il voudrait que je m'appelle comme il le souhaite. Cela m'intrigue. Désolé, je ne suis pas celui qu'il cherche. Mohammad Bakri n'est-il pas l'acteur et cinéaste palestinien, arabe israélien ? Ne l'a-t-il jamais vu dans un film ? Il a les yeux clairs comme la mer. Les Israéliens ne doivent pas beaucoup l'aimer. Ah oui, il y a un autre Mohamed Bakri, le chanteur saoudien à succès. D'autres Bakri dangereux ? Pendant qu'il consulte longuement son écran, je pense au grand poète pré-islamique de Bahrein, Tarafa Ibn Abd Al-Bakri, au célèbre géographe andalou du XIe siècle, Obeid Allah Al-Bakri, à tous les Bakri du Maghreb et du Machreq, cinéastes, journalistes, artistes, universitaires, footballeurs, etc. De quoi se faire un réseau sur Facebook ! « Approchez-vous, ordonne-t-il, je vais vous prendre en photo. » Je souris presque, car la minuscule caméra me rappelle celle de la RATP pour faire la carte Navigo à Paris. Un portrait de plus et c'est la célébrité garantie. Il finit par me rendre mon passeport. Le sentiment que quelqu'un peut limiter votre liberté, en a les moyens même les plus arbitraires, est révoltant. Ai-je eu raison d'avoir voulu transiter par Amman, préférant un pays frère à des complications israéliennes notoires ? Le comble de l'absurde. Malgré la haute technologie, les performances des renseignements, l'état d'alerte permanent dans cette région, l'ordinateur bute sur mon nom, confond un poète et je ne sais quel autre Bakri. Ce n'est point rassurant. Sur le tapis roulant, je ne retrouve pas mon bagage et recommence à m'inquiéter. Soudain, j'ai le réflexe de le chercher parmi des valises qu'un porteur plaçait là, au hasard, les unes à côtés des autres. Elles appartiennent à un groupe de touristes. Je le repère, enfin. Je prends ma valise, contrarié mais soulagé. Je n'ai qu'une envie : quitter l'aéroport le plus rapidement possible. Heureusement, la directrice du Centre culturel français est là, à m'attendre. Elle vient à ma rencontre, souriante. Je lui en suis reconnaissant. Je n'aime pas me sentir étranger dans un lieu, fût-il un pays frère ! Lucienne a fait le trajet Naplouse-Amman pour venir me chercher et m'éviter des tracasseries, peut-être insurmontables. Je veux oublier ce qui vient de m'arriver et essaie de voir la ville que je traverse pour la première fois. Les Israéliens ferment le pont Allenby à 18 heures et c'est pourquoi nous devons passer la nuit à Amman. Demain, il faudra se lever tôt pour s'acquitter des formalités jordaniennes et israéliennes aux frontières et être à l'heure pour le déjeuner à Ramallah, où le directeur du Centre culturel nous attend. Dans la nuit tombée, je me rends compte de l'immensité de la capitale, construite sur sept montagnes. Nous nous dirigeons vers Jabal

Amman où se trouve l'*Imperial Palace Hotel*. On n'y entre pas normalement. Il faut passer sous un portique électronique, les bagages sont soumis aux rayons X, un ou une vigile, selon que vous soyez homme ou femme, vous palpe de haut en bas, fouille votre bagage à main. Mais c'est comme à l'aéroport, me dis-je. Peut-être est-ce mieux ainsi, on ne sait jamais avec tous ces attentats. Le poète est bien naïf de croire à l'entente entre les humains, à la beauté du monde, c'est connu, il est dans la lune. Une fois passé, tout est chic et volupté. Le grand luxe pour vous faire oublier les péripéties de la journée. Curieusement, le hall de l'hôtel me rappelle celui d'un autre, à Guadalajara, au Mexique. À travers la fenêtre de ma chambre, au quatrième étage, j'admire la nuit et les collines illuminées. Je descends vite pour le dîner. Nous optons pour un restaurant en ville. Ce sera *Fakhreddine*. Il est réputé, semble-t-il. À l'accueil, on nous informe que tout est réservé. Lucienne use de sa gentillesse et de son sourire, en insistant un peu, on nous libère une petite table, à condition de ne pas trop vous attarder, dit le maître des lieux, en costume imposant. Le restaurant a une belle allure et ses clients paraissent à l'aise, dans le bien-être. Pas de soucis, comme dit la langue courante aujourd'hui. Nos voisins sont des touristes américains. Ils dégustent les mets, ravis. Je suis heureux d'être là et d'apprécier ces mezzés, ces petits plats orientaux, si appétissants, si variés et si agréables à la vue. Ici on mange comme en Palestine, en Syrie, au Liban. On vient nous annoncer que, finalement, la place est libre et que nous pouvons rester autant que nous le désirons. Nous discutons ainsi moins pliés à la loi de la demande. L'honneur de l'hospitalité du désert est sauf, bien que les places soient chères.

Jeudi 19 mars

C'est le matin. Nous prenons la route vers la frontière avec la Palestine. De nombreux virages parmi les collines hautes, les montagnes arides. La pierre domine le paysage. Le trafic est dense. L'activité commerciale semble dynamique. Camions et bus. Voitures à toute allure. « Excès de vitesse ! » Nous arrête un gendarme qui guette dans un véhicule garé sur le bord de la route. Lucienne est surprise, tend son passeport diplomatique. Elle lui parle en arabe, aimablement. Rien n'y fait, il faut payer une amende. De toute façon, je n'ai pas d'argent jordanien et il n'y avait pas de radar, comment a-t-il pu mesurer la vitesse à laquelle je roulais ?, me dit-elle, avec calme. Une qualité dont il vaut mieux s'armer dans la région. Je ne vais pas rater les rendez-vous qui m'attendent, après des milliers de kilomètres, pour une histoire de vitesse, pensé-je, résigné. Cela peut durer infiniment. D'autres voitures sont arrêtées pour les mêmes raisons. Cela commence à faire désordre. Mais on doit se résoudre à la volonté de la police. C'est comme partout dans le monde. Fallait-il venir à cheval ou à dos de chameau ? La modernité est parfois moins rapide. Je reste à ma place dans la voiture, placide, je remarque les négociations difficiles, l'énervement d'un automobiliste contraint de payer son amende. Après moultes palabres, Lucienne revient vers le volant, un sourire victorieux aux lèvres, le gendarme va me remettre mes documents quand tout le monde sera parti. Voilà qui est civilisé. Pas de vexation publique. Diplomatie exige. Nous repartons sains et saufs. Il nous faudra rouler plus vite maintenant pour être à l'heure à Ramallah. Nous arrivons au poste frontière, côté jordanien. Des policiers, plutôt élégants. Ils semblent séduits par Lucienne, sa silhouette élancée, son contact facile, son accent arabe. Nous donnons nos passeports. Les documents passent d'un guichet à l'autre.

Soudain : « Vous vous appelez Mohammad Bakri ? — Non, Mohamed Tahar Bekri, je réponds, comme sur le passeport. — Il est invité par le Consulat général de France, dit Lucienne, à côté. — Vous avez de la famille en Palestine ? — Non. — Nom du père ? Nom du grand-père ? » Je pensais que tout cela avait été résolu par l'ordinateur à l'aéroport, à l'arrivée. Les deux ordinateurs ne semblent pas en phase. C'était la veille, pourtant. L'écran bute sur mon nom. De longues minutes passent, pas mon nom. D'autres policiers viennent en renfort, consultent, examinent, auscultent, par tous les saints, il y a un problème. « C'est la première fois que vous venez en Jordanie ? — C'est pour me rendre en Palestine, dans les Territoires palestiniens – leur ajouterais-je, occupés ? J'y vais pour des lectures de poésie. » Mes explications ne convainquent pas l'écran de l'ordinateur et je dois attendre un moment dans la salle à côté. Je suis interloqué, ennuyé. Au fond de moi, une colère qui maudit cette machine diabolique, mal renseignée. Leur dirais-je que c'est grave pour la sécurité du pays d'avoir des ordinateurs aussi peu précis, qui confondent tout, dans cette région sensible du monde. Je pense à un ami poète irakien à Paris qui, un jour, m'a confié, je refuse toutes les invitations dans les pays arabes. J'avais souri ce jour-là en imaginant qu'il exagérait. Un jeune policier en civil entre dans la salle. « Suivez-moi », ordonne-t-il. Lucienne veut m'accompagner. « Non, tout seul », fait-il de la main. Il marche vite, pressé, je le suis, de couloir en couloir, de cour en cour, un véritable labyrinthe, insoupçonnable de l'extérieur du bâtiment. « Attendez quelques instants ici, quelqu'un va vous recevoir. » La porte s'ouvre. Un officier de la sécurité, en civil, apparaît. Je salue. « Asseyez-vous, nom du père ? Du grand-père ? Vous vous rendez dans les Territoires palestiniens ? C'est la première fois ? De quelle origine ? » Il note mes réponses à la main, j'ajoute que je suis poète et professeur dans une université française, que le nom de Bekri et Bakri est répandu, il suffit de regarder Internet pour s'en rendre compte. Il vérifie mon passeport une dernière fois puis me le rend. « Vous êtes chez vous, ici, c'est votre second pays », ajoute-t-il, avec assurance et fermeté. Il ne manque que le café à offrir après ce chaleureux accueil ! Mais je n'ai pas le cœur à savourer même le miel ! Le jeune policier en civil me raccompagne au point de départ, à grands pas. Devant la porte, les policiers en uniforme, me voyant revenir, crient soulagés : « *Hamdellah 'ala Salama* », Dieu soit loué, vous êtes sauvé. Je hoche la tête et dis au revoir. S'agit-il d'une méprise ou d'un excès de contrôle ? Peut-on croire un poète qui vient jusqu'ici, dans la gueule du loup ? Je réalise que la situation aurait pu être très grave et que venir dans ces contrées vous expose à la suspicion, à la menace, que vous êtes à la merci d'une machine infernale qui guide des agents vers des informations fantaisistes, que votre confiance peut être mise à mal, que le désert peut vous emporter dans sa tempête, que le sable est en mesure de vous enterrer dans sa mouvance, que porter un nom avec des homonymes est une lourde charge que l'ordinateur le plus sophistiqué ne peut encore assumer. Seul Dieu est infaillible. Satellites, radars, caméras, données informatiques, lectures optiques, rayons lasers, moteurs de recherches, vidéos, caméras invisibles, registres et documents officiels, tout cela ne suffit pas à vous sortir d'affaire si l'écran le décide. Je conseillerai aux citoyens du monde de porter avec eux des codes-barres ou les tracés de leur ADN. Ah ! Cher écran au poste frontière, je me souviendrai de vous. Je ne sais si j'ai envie de vous revoir un jour.

Après les différents points de passage, nous traversons le King Hussein Bridge et quittons la Jordanie. De l'autre côté, les Israéliens l'appellent Pont Allenby, du nom du général américain. Nous sommes en Palestine occupée. Tant de barrières et d'obstacles. À chaque poste de contrôle, un ou une militaire vérifie les documents. Des fils barbelés protègent les bâtiments. Enfin, devant le poste frontière. Pour certains voyageurs étrangers, il s'agit plutôt d'un check-point. Peu importe l'appellation, c'est un « aéroport » terrestre ! Commence le parcours des formalités. Contrôle électronique des bagages, douanes, visa, etc. Les militaires israéliens sont jeunes pour la plupart, à l'allure plutôt débonnaire. Mais leurs armes pointées se voient de partout. Lucienne parle avec eux en anglais. Son statut de diplomate facilite les choses et nous ne faisons pas la queue comme les Palestiniens. Pour eux, cela peut durer des heures. Rentrer chez soi, c'est comme escalader la montagne. Un militaire-policier s'adresse à moi d'office en arabe. Je pense qu'il veut me signifier que je suis arabe, malgré mon passeport français. Peut-être veut-il vérifier mon accent, aussi. Je lui demande où il a appris l'arabe. Il me reprend, surpris de ma question, où ai-je appris l'arabe ? Il ne répondra pas, bien sûr. Mais son accent était bien palestinien. Grâce à Lucienne, les formalités et les contrôles se passent sans grandes difficultés, plus rapidement que nous

nous y attendions. De toutes les façons, je n'ai ni ordinateur ni appareil photo ni téléphone portable. Certainement, les Israéliens étaient mieux renseignés sur moi que les Jordaniens.

Vers Ramallah

En route, vers Ramallah. Les panneaux de signalisation sont écrits d'abord en hébreu, ensuite en anglais, puis en arabe. Souvent, les noms arabes sont judaïsés. Au bord de l'autoroute, dans le creux des collines et des plateaux rocailleux, des taudis, tôles et pneus de véhicules comme des logis de fortune. Ce sont les Bédouins, me dit Lucienne. N'ont-ils pas de tentes ? Quelques troupeaux de moutons paissent dans l'ingrate terre. De temps à autre, j'aperçois un berger qui garde ses bêtes. Les lampadaires le long de la route sont étranges. D'un côté, ils ont une lampe pour éclairer, de l'autre, un projecteur pour surveiller les collines et les Palestiniens, probablement des fuyards ou d'éventuels activistes.

Les premières colonies israéliennes apparaissent. De belles maisons individuelles aux tuiles rouges. L'armée n'est jamais loin pour les protéger. Un point de passage filtre les voitures et assure leur sécurité.

Enfin à Ramallah ! Les embouteillages, la cohue, les piétons dans tous les sens et l'agent de circulation qui tourne sur lui-même, dans une gestuelle aussi étrange qu'amusante. Que de taxis jaunes ! Pas de bus publics ou presque. De grosses cylindrées. Voitures officielles ou celles de nouveaux riches. Peut-être appartenant à des ONG ou à des délégations, représentations et autres organismes internationaux, si nombreux par ici. Ramallah est le siège officiel du gouvernement dans les Territoires occupés depuis 1967. Une « capitale » provisoire qui dure, à la place de Jérusalem-Est. Tout porte la marque de l'occupation israélienne : le shekel, la monnaie israélienne, l'hébreu comme langue sur les plaques des voitures, les panneaux d'indication routière, les panneaux publicitaires. La ville est dans un encombrement total. Sans harmonie. Des bâtiments en hauteur sortis de terre, dans l'exiguïté des lieux. Jusqu'à l'asphyxie. Du coude à coude pour marcher. Montées et descentes abruptes. Collines et rochers. Au carrefour central de la ville, quatre statues de lions représentent les grandes familles palestiniennes.

Nous arrivons au Centre culturel. Il a un statut particulier : c'est un Centre culturel franco-allemand. Je fais la connaissance de son directeur français qui nous attend pour le déjeuner. Dans le petit salon de la bibliothèque, je rencontre un poète palestinien, Tareq Al Karmi, venu pour l'occasion de son village, à côté de Toulkarem. Il est exubérant, chaleureux, au contact facile, au débit de paroles généreux. Il n'aime pas venir à Ramallah, me dit-il, mais il tenait à être là quand même. J'en suis touché et lui pardonnerai ses excès, le long de la journée. Il est chez lui et tout lui paraît habituel, normal, ce n'est pas mon cas où, d'étonnement en étonnement, je me rends compte de la réalité de l'occupation. Où sont les possibilités d'action des Palestiniens ?

Après avoir accepté au congrès d'Alger, en 1988, de récupérer seulement 22 % des terres qui leur revenaient après le partage de 1947, les Palestiniens ont été acculés lors des négociations avec Ehoud Barak, alors Premier ministre, à se suffire des 80 % de ces mêmes 22 %. En dépit de cela, l'intransigeance de l'adversaire, sa mauvaise foi, l'indifférence internationale, la poursuite de la colonisation, les empêchent toujours de réaliser leurs droits à avoir un État. Aujourd'hui, personne ne sait ce que promettent les Israéliens ni s'ils souhaitent appliquer tout accord. Plus de soixante ans sont passés. Quel résultat ? S'il ne s'agissait d'une des plus grandes tragédies de l'Histoire, on pourrait rire de ces marchés de dupes.

Albert Einstein doit se retourner dans sa tombe, lui qui rappelait, avec d'autres intellectuels juifs, dont la philosophe Hannah Arendt, dans une lettre adressée le 2 décembre 1948 au *New York Times*, les massacres de Deir Yassine : « … Le 9 avril, des bandes de terroristes ont attaqué un village paisible, qui n'était pas un objectif militaire dans le combat, ils ont tué la plupart de ses habitants – deux cent quarante hommes, femmes et enfants – et en ont maintenu quelques-uns en vie pour les faire défiler comme captifs dans les rues de Jérusalem. »

Et comme un écho déchirant, le 3 avril 2002, Mahmoud Darwich et plus de soixante-dix intellectuels palestiniens, dont les écrivains Liana Badr, Mourad El Barghouti, Ahmad Dahbour, Yehia Yekhlaf, Ghassan Zaqtan, lançaient à partir d'ici cet appel :

« À tous les hommes libres à travers le monde !

Nous, écrivains, artistes et intellectuels, lançons cet appel aux écrivains, artistes et intellectuels arabes et leur demandons d'agir, d'élever la voix et de relayer cet appel auprès des écrivains, artistes et intellectuels du monde entier ; en solidarité avec les intellectuels et le peuple palestinien que les forces d'occupation israéliennes soumettent actuellement aux pratiques les plus infâmes. Invasion et réoccupation des villes, villages et camps, meurtre et exécution de civils, destruction d'écoles, de bâtiments et d'institutions, de centres culturels, de lieux de culte, de toutes les infrastructures de la société palestinienne ; sévices et actes d'avilissement ; arrestations de milliers de jeunes emmenés dans les camps d'internement, laissés en plein air, torturés, terrorisés, affamés. En outre, les forces israéliennes empêchent les hôpitaux et leurs équipes médicales de travailler et d'accomplir leur devoir humanitaire, empêchent les ambulances de transporter les blessés et les martyrs, empêchent d'enterrer ces derniers. Les morgues des hôpitaux n'ont plus de place pour accueillir les corps. À cette heure, la situation à l'intérieur des villes, des villages et des camps présage davantage de tragédies, davantage de désastres.

Les écrivains, artistes et intellectuels palestiniens assiégés avec leur peuple dans toutes les villes, villages et camps adressent cet appel urgent à leurs confrères et aux organisations et fédérations arabes concernées, leur demandant d'agir au plus vite et de tout faire pour condamner l'occupation, dénoncer ses pratiques et dévoiler la nature foncièrement terroriste et xénophobe du gouvernement Sharon et de ses institutions militaires et sécuritaires. Par ailleurs, nous leur demandons de transmettre au plus vite le contenu de cet appel aux hommes de culture et de conscience du monde entier.

Assiégés, nous faisons face avec notre peuple à une situation humanitaire douloureuse. Nous vivons une menace permanente, nous sommes privés d'eau, d'électricité, de communications. Il ne nous reste que notre volonté, notre détermination, notre résistance. À tous les hommes d'honneur, à tous les hommes libres des pays arabes et du reste du monde : nous avons besoin de votre aide et de votre soutien. »

Ce cri résonne encore dans ma tête. Je ne peux m'empêcher d'y penser. Je formule le vœu d'aller sur la tombe de Mahmoud Darwich. Elle est là, sur les hauteurs de la ville. Mahmoud dort parmi les sapins et les conifères. Un petit mausolée pyramidal en verre est élevé à sa mémoire, entouré de quelques fleurs et couronnes. Juste à côté, un grand rocher se dresse et fait figure de monument inauguré par le président de l'Autorité palestinienne, Mahmoud Abbas. L'herbe est verte, le jeune olivier, planté récemment, résiste au vent léger. Le soleil est tendre. Le poète repose ici. Ses mots emplissent le lieu. Sa voix audible à travers les pierres. Son souvenir, immense. J'essaie de m'imprégner du paysage qui surplombe la ville. Pas très loin, se trouve le Palais de la culture. Des immeubles sont alignés en face. Le silence règne sur la colline. Tareq, Lucienne et Jean-Philippe prennent des photos. Les vers de Mahmoud Darwich défient l'occupation, bercent la terre de son amour. Je jette un dernier regard. Dors en paix Mahmoud, parmi les arbres que tu aimais tant. Tu es chez toi. Tu aurais aimé être enterré en Galilée, peut-être…

Tombeau de Mahmoud Darwich

Tu disais à la pierre inconsolée
« Sur cette terre
Maîtresse de la terre
Il y a ce qui mérite la vie »
Le sapin sourd à la prière

Le thym reclus aux frontières de l'oubli
Combien de murs
Combien de fils barbelés
Faut-il détruire pour confier à la colline
Ceux qui confisquent les oliviers
Séquestrent la lumière
Sombrent dans la cécité du cimetière

Nous quittons Ramallah, Lucienne au volant. Je suis à l'avant. Le poète Tareq Al Karmi, à l'arrière. De temps en temps, il prend la parole et me demande de traduire ses propos à Lucienne. J'ai beau lui dire que Lucienne comprend l'arabe, il insiste. « Dis-lui que je n'ai pas eu d'adolescence, je ne sais pas ce que c'est, de prison en prison, on m'a volé ma jeunesse », répète-t-il. Je l'écoute gravement en silence. Sa souffrance se libère en paroles. Il a besoin de revenir sans cesse sur son adolescence volée, sans amour. Tout en l'écoutant, j'essaie de fixer les paysages, de les découvrir, de remarquer la moindre colline, de libérer mon regard des colons qui apparaissent sur la route, de temps à autre, Tareq comme pour rompre mon silence : « Dis à Lucienne que cela fait onze ans que je ne suis pas revenu à Naplouse où j'ai fait mes études et où j'ai beaucoup d'amis. » Nous arrivons au premier check-point, à la périphérie de Naplouse. Lucienne montre son passeport diplomatique, le soldat israélien nous dévisage puis ouvre le passage. Et Tareq comme soulagé et heureux, crie : « Lucienne, vous êtes une femme extraordinaire ! Vous me permettez de revenir dans cette ville que j'aime, après onze ans ! » J'ai comme une douleur au cœur : le jeune soldat israélien qui tient sa mitraillette en bandoulière, devenu le nouveau maître des lieux, de quel droit décide-t-il de permettre ou non à un Palestinien de revenir voir les siens ?

Naplouse, 19 mars 2009

Après les différents check-points, on me propose d'aller visiter le camp de réfugiés de Balata. Aux abords de la ville, il y a trois camps. Dans celui de Balata vivent plus de vingt-six mille Palestiniens, entassés les uns sur les autres, certains, depuis des décennies, dans les conditions les plus humiliantes. C'est la première fois que je visite un camp de réfugiés. Dans l'étroit bureau d'accueil où se trouvent quelques meubles rudimentaires, un ordinateur, une machine à télécopier, le responsable, un enseignant, me reçoit un peu surpris, chaleureusement. Ma visite est improvisée et n'avait pas été annoncée. En réalité, je ne savais même pas qu'il y avait un camp à Naplouse. Je n'en avais jamais entendu parler. De ceux du Liban, de Jordanie, de Gaza, oui, mais comment aurais-je pu imaginer que des Palestiniens vivent réfugiés dans leur propre ville ? Le monde, à l'étranger, le sait-il ? Je ne le crois pas, excepté peut-être les militants d'associations de solidarité avec les Palestiniens. Les chaînes internationales ne diffusent presque jamais de reportages sur les camps palestiniens, pourquoi ? Est-ce une volonté israélienne ? Nous discutons de choses et d'autres. Peu à peu, des jeunes habitant le camp viennent me saluer. Ils ressemblent à tous les jeunes de par le monde, tee-shirts, jeans, coupes de cheveux à la mode, ils me disent leurs frustrations, leur indignation. Le responsable du camp m'invite à écouter la chorale des enfants en train de répéter dans la pièce voisine. Un jeune garçon accompagne le groupe sur un piano de fortune.

Je suis assis, devant les enfants, un verre de thé qu'on vient de m'offrir à la main. Il fait froid dans la pièce. Les filles, de sept à douze ans peut-être, sont habillées modestement, brunes, certaines aux yeux clairs, allures décidées et fières. Elles se mettent à chanter en arabe :

« Mon Dieu apprends-moi la patience
Ton nom est force dans mon cœur
Rassure-moi donne-moi de la patience
Donne-moi de la force contre toute injustice
Les jours et les années passent
Et moi je souffre et je parle
Personne ne souffle mot
Mes amis et les plus chers des êtres
M'ont laissé et abandonné
Ils me manquent depuis qu'ils sont partis
Leur éloignement me donne des larmes »

Je suis là à écouter ces voix d'anges. Je me penche légèrement pour cacher une larme au fond de l'œil. Mais c'est impossible. Mes larmes coulent plus fortes que moi. Je me lève, confus et trop ému pour m'excuser. Je sors de la pièce sous le regard troublé de mes hôtes, un besoin de crier au ciel : Pourquoi es-tu si sourd ? Je reviendrai, quelques minutes après, demander à faire une photo avec la chorale. J'aurais aimé que tant d'enfants dans le monde viennent partager leur peine et apaiser leur douleur, leur donner l'occasion de chanter d'autres chansons moins tristes, moins malheureuses. Le monde est-il à ce point insensible ?

Il ne me reste pas beaucoup de temps avant la lecture de tout à l'heure. Trois jeunes se proposent de m'accompagner pour me faire visiter le camp. Non, qui n'a pas visité un camp de réfugiés ne peut comprendre la tragédie palestinienne, le sort qui leur est réservé. Une ruelle traverse le camp, fait fonction d'avenue principale, puis la vie à l'étroit, l'insalubrité, les gravats, l'éclairage minimal, les minuscules espaces entre les murs, mur contre mur, à peine la place pour que deux hommes passent ensemble, les logis pas toujours terminés, quelques boutiques pour maintenir le quotidien alerte, des étals de fruits et de légumes qui ne trompent personne, la foule dense et affairée, attachée à la vie, en dépit de tout. La vie ici dans le camp dépend de l'UNRWA, le programme des Nations unies pour l'aide aux réfugiés. Prenez de quoi acheter votre farine et quelques aubergines et taisez-vous, faites-vous oublier, que le monde ne voie rien, soyez prisonniers sur votre propre terre. Pas de droit d'ingérence par là. Le monde a les yeux braqués sur les barbus de Gaza. Les horribles, les dangereux, ceux qui menacent la stabilité d'Israël. Et ceux-là ? Sait-on qu'ils existent ? Qu'ils ont perdu espoir dans la justice des hommes, que l'Histoire est un char qui avance en écrasant les faibles, que les puissants de ce monde préfèrent donner un peu de leur argent pour maintenir un peuple dans l'assistance et acheter leur bonne conscience que de défendre courageusement la dignité des hommes. Il ne s'agit pas de charité mais d'équité. Je demande aux jeunes ce qu'ils font, ils sont étudiants en économie, en informatique, il leur faut parfois des heures pour se rendre à l'université d'Al Najah. Ils sont désespérés car sans avenir et s'ils s'accrochent à leurs études, c'est surtout pour subvenir un jour aux besoins de leurs familles. Eux n'ont pas de jeunesse. Une journée de travail suffit à peine à gagner de quoi acheter deux kilos de pain. Sur les murs du camp, partout, sont collées des affiches avec les portraits et les noms de jeunes martyrs, parfois des slogans sont ajoutés à la main : Nous n'oublions pas. « Il y a plus de onze mille Palestiniens dans les prisons israéliennes. Nous avons tous des membres de nos familles en prison. Et le comble, Israël reçoit de l'argent international pour s'en occuper et les maintenir en l'état », me disent-ils. En fin de parcours, ils me montrent le dispensaire : « C'est utile pour avoir des cachets d'aspirine, même pas les premiers soins, non, ce n'est pas une vie. » Je marche parmi eux, avec eux, et les écoute attentivement, tourmenté, inquiet, révolté. Je regarde autour de moi tous ces visages accablés, non je n'ai pas entendu de rires, ni de joie exprimée, plutôt le soir qui couvre le camp dans la pénombre, je suis rempli d'angoisse, pourvu que ces jeunes, qui me parlent posément, ne soient pas amenés un jour de désespoir à se faire exploser ! À qui la faute ? J'évacue cette image de mes pensées et les invite à venir avec le responsable du camp assister à ma lecture. Je comprends qu'ils n'ont pas de moyen de locomotion ni d'argent pour se rendre au Centre culturel français. Un taxi leur sera réservé.

Dans la voiture, en quittant le camp, je suis silencieux et le cœur lourd, les images de la journée bien harassante défilent devant moi, une seule journée a suffi pour m'atteindre et ébranler mon être, en ai-je le droit quand c'est le lot quotidien de citoyens du monde depuis plus de soixante ans ? « Peut-être pourrions-nous visiter demain l'église que vous voyez à votre droite », me dit mon hôte. J'admire l'architecture et suis ravi de la proposition. Ah !, si les pierres pouvaient parler !

Le Centre culturel français est une belle et ancienne maison en pierre de taille. À l'arrivée, une Tunisienne mariée à un membre de l'Autorité palestinienne qu'elle a rencontré à Tunis, quand l'OLP y avait son siège, m'embrasse, émue de voir un compatriote dans cette région. Je retrouve l'accent tunisien, la gestuelle, la simplicité et la chaleur du contact. Un professeur de l'université Al Najah est là parmi les premiers. C'est Adel Al Osta. Il est spécialiste de littérature palestinienne et arabe. La discussion s'engage comme pour un entretien. Beaucoup de questions fusent sur la littérature tunisienne qu'il ignore ou presque. Le poète Aboulkacem Chabbi échappe à ce vide que le professeur veut combler. J'ai l'habitude de ces constats mais au vu du contexte, sa curiosité me touche. Je donne quelques noms d'écrivains tunisiens en arabe, en français, qui méritent d'êtres lus. Presque tout naturellement, les Tunisiens accordent, en général, et ce depuis des décennies, plus d'attention et de reconnaissance aux auteurs des autres pays arabes qu'aux leurs, par politesse, animosité ou mépris de soi, je ne sais. Pour se faire admettre dans son propre pays, il faut se faire un nom ailleurs. Résultat, rares sont les talents tunisiens qui ont trouvé leur place dans le monde arabe. Même Chabbi n'a pu être apprécié chez lui que grâce à ses pairs de la revue égyptienne *Apollo*. Soit pour les années trente, mais est-ce normal de nos jours ?

Les invités arrivent, hommes et femmes, nombreux, bien mis, élégants pour la circonstance, aimables et chaleureux, je les salue, un à un, à l'entrée. Je suis heureux d'accueillir un prêtre dans l'assistance. Heureux de revoir les jeunes étudiants du camp, ici. Leur présence est comme un défi à l'adversité. C'est pour eux que le poème peut maintenir la flamme vibrante, que le poème écrit la dignité des humains. La poésie a toujours été pour moi une leçon d'humanité. Sa beauté réside dans sa générosité, dans son refus de la laideur, de la haine, de la raison arbitraire. Comment un cœur de poète peut-il accepter tant de violence, tant d'injustice ?

Je commence la lecture des poèmes, souvent en arabe, parfois en français, pour les quelques francophones dans la salle. Je suis étranglé par l'émotion et prends sur moi le poids de la rencontre. Le poème est mon visage et je le voudrais comme ceux que je vois devant moi, fier et la tête haute. Leur douleur est mienne. Leur écoute me rassure. Mes sentiments se mêlent aux leurs. Jamais lecture de poésie ne m'a tant mobilisé, jusqu'au plus profond de mon être. Je suis en Palestine et apporte à des frères et sœurs des faisceaux de lumière pour ne pas laisser le gouvernement de l'obscurité les dominer. Je ne me sens pas étranger à cette assemblée, ni loin d'elle, j'ai l'impression que je l'ai toujours connue, depuis des décennies, depuis mon lycée à Sfax où, adolescent, la question palestinienne m'emportait parmi les manifestants. J'avais seize ans et la défaite de 1967 fut le choc qui scella ma conscience à l'Histoire arabe et à son drame. Israël a transformé sa victoire en une vraie expansion, a occupé de nouveaux territoires palestiniens, des terres arabes, en Syrie, en Égypte. Le mythe de Nasser s'effondre. Le nationalisme arabe en prend un coup. Je suis là à lire mes poèmes, les événements se mêlent dans ma tête, les visages ne sont pas virtuels mais respirent le souffle des présents, la petite table sur laquelle j'ai déposé mes livres tremble comme moi, dans mon intérieur une grande douleur, à l'extérieur j'affiche un petit sourire pour rassurer mon auditoire.

Plus de quarante ans se sont écoulés, des guerres se sont succédé, je suis, ce soir, parmi les Palestiniens, dans les Territoires toujours occupés.

En sortant du Centre, la nuit palestinienne m'enveloppe de sa fraîcheur. L'air est celui des montagnes et des collines. S'il n'était dans un pays occupé, il aurait été le plus libre. Nous nous dirigeons avec quelques invités vers l'hôtel *Al Yasmeen*, où nous devons dîner et où l'on m'a retenu une chambre. La nuit est bien tombée. Personne dans les rues. Sur le chemin, j'essaie de lire ce qui est écrit sur les panneaux publicitaires, les enseignes ou les devantures des boutiques. L'hôtel est dans la vieille ville. Sa pierre est belle. De grandes et larges vitres dans le couloir qui relie deux bâtiments, permettent de voir la ville et ses ruelles, mais aussi les collines hautes sur lesquelles on a beaucoup construit.

Au dîner, sont présents quelques intellectuels. La discussion s'anime, vive, sur la littérature palestinienne, sa traduction en hébreu, les prix israéliens accordés à des auteurs palestiniens. Légitimes ou pas. Faut-il les accepter ? La romancière Sahar Khalifa[1], née en 1942 à Naplouse, qui vit maintenant à Amman, a-t-elle ou pas raison de refuser un prix israélien ? Je pense aux écrivains palestiniens de l'intérieur qui sont restés après la création du nouvel État, devenant ainsi des citoyens d'Israël, comme le poète Samih Al Qassim, né en 1939, ou le romancier

1. *Rabi' harr*, Un printemps très chaud (Seuil, 2008).

Émile Habibi (1921-1996). Membre du Parti communiste israélien, ancien député à la Knesset, ce dernier a dirigé le quotidien de langue arabe *Al Ittihad*, de 1948 à 1990. Il est surtout l'auteur de beaux et graves romans au tragi-comique manifeste comme celui traduit en français, *Les Aventures extraordinaires de Saïd le peptimiste* (Gallimard, 1987). Honoré par des prix littéraires israéliens, il n'a pas pu échapper à la suspicion et à la violence de la critique arabe. Je me rends compte de la complexité de la situation littéraire et pense à l'avènement d'une littérature palestinienne écrite en hébreu, aux œuvres du poète et romancier Anton Shammas[1], né en 1950 à Fassouta, en Galilée. Lors du Salon du livre de Paris 2008, où Israël était l'invité d'honneur pour fêter les soixante ans de sa naissance, le gouvernement a refusé d'envoyer les auteurs qui n'écrivent pas en hébreu. Ici l'Histoire est un serpent de mer.

« Cela fait des années que nous n'avons pas eu une assemblée comme celle-ci », me disent mes interlocuteurs presque en chœur. « L'insécurité, la violence, les déplacements la

1. Auteur d'*Arabesques*, trad. de l'hébreu, (Actes Sud, 1988).

nuit, l'intifadha, les arrestations, l'arbitraire, nous en ont empêché. » Je suis heureux d'être parmi eux, de partager ces débats et ces mets. Il y a comme quelque chose d'irréel pour moi, d'être à Naplouse en ce mois de mars, en train de dîner avec des invités palestiniens et de discuter de littérature et de culture, comme dans n'importe quel autre lieu intellectuel, à travers le monde. En soi, c'est une victoire sur la nuit. Un défi à la cécité.

Naplouse est une ville à la mémoire haute, construite par les Cananéens il y a plus de quatre mille ans. Le pays de Canaan est le nom biblique de la Palestine et de la Phénicie réunies. Ici c'est la Samarie. Où vivent les derniers Samaritains. Car, non loin, se trouve l'ancienne Sichem dont Jéroboam fit la capitale d'Israël au xe siècle av. J.-C., que les Romains détruisirent pour construire à sa place Neapolis (« la ville nouvelle »). Les musulmans la conquirent en 636 et lui donnèrent son nom actuel, Nabulous. La ville, au nord de la Palestine, est un centre économique, commercial, agricole, de premier ordre. Elle regorge de sites archéologiques et historiques. C'est à l'entrée de la ville, au puits de Jacob, que le Christ rencontra une Samaritaine qui lui présenta de l'eau. La vieille ville possède un marché connu dans tout l'Orient. S'y trouvent aussi des bains turcs qui datent de l'Empire ottoman, des boutiques de toutes sortes. Naplouse était réputée pour ses savons à l'huile d'olive. Occupée depuis 1967 par Israël, plus de trois cent vingt mille habitants y vivent aujourd'hui. Pauvre Canaan, fils de Cham, petit-fils de Noé !

Au petit déjeuner qui se prend dans le large couloir vitré, je suis seul, avec un autre client. Il est allemand ou anglais. Il a hâte d'aller se connecter à Internet. C'est vendredi. La ville est dans un silence quasi total. Le centre commercial est fermé. La radio diffuse fort du Coran. On lave le sol à grande eau, les fenêtres sont largement ouvertes, un courant d'air matinal et vivifiant me ramène à ces lointains matins tunisiens. À travers la vitre, je contemple les collines, les hauts rochers, les dômes, tout près. La capacité de l'homme à construire et reconstruire l'espace est admirable. Il défie le temps, par tous les temps, s'attelle comme Sisyphe à sa pierre. Je suis ainsi méditatif quand j'aperçois sur la cime, perché sur la colline, un bâtiment à l'architecture imposante, digne des illustres dynasties, colonnes et toit qui pourraient appartenir à un temple ou à un monastère, c'est quoi ce monument, demandé-je à l'employé de l'hôtel, c'est juste une maison de particulier, dit-il, quelqu'un qui est riche, qui a beaucoup d'argent, beaucoup… ajoute-t-il, avec un sourire caché aux lèvres.

Je me lève pour acheter une carte postale sur le présentoir, à côté du bureau de la réception. Non, malheureusement, nous n'avons pas de carte de Naplouse, toutes les cartes sont de Bethléem, l'hôtel est souvent fréquenté par les pèlerins, me dit l'employé. Naïla, ma compatriote tunisienne, vient me chercher pour me faire découvrir la ville. Elle vit ici depuis plus de dix-sept ans. La ville ancienne est construite d'une pierre noble. Les ruelles sont labyrinthiques. Certaines demeures sont de vrais palais particuliers. Nous visitons le quartier ottoman d'Al Manar, avec son horloge centrale, puis celui de Qaryoun. « Regarde ces bâtiments, ces vieilles maisons, ces murs. Ils furent bombardés par les chars israéliens en 2004. Les Palestiniens les ont reconstruits comme ils ont pu. » On voit que ce n'est pas la même pierre. Parfois, la pierre porte encore la trace du feu du canon qui l'a brûlée. À chaque offensive, l'armée israélienne en profite pour détruire les maisons de ceux qui participent à l'intifadha. Il faut briser la résistance. Certaines ont été abandonnées par des habitants terrorisés. Dans quelques palais, maintenant en ruines – pas d'argent pour les restaurer –, poussent l'herbe et les détritus. Des familles modestes ont squatté les lieux. Des chats errants farfouillent dans les poubelles. La beauté des ruelles et des maisons contraste avec la désolation et l'abandon. « Viens que je te montre le café vert, me dit Naïla, c'est comme ça que nous l'appelons. » C'est un vieux café aux murs peints en vert, en effet, quelques rares chaises, branlantes, ici et là, à travers l'espace, bien vide. Des Palestiniens âgés discutent à voix basse autour d'un verre de thé. Presque affables dans le temps immuable. Ma présence ne suscite guère leur curiosité. Je dois leur paraître comme un des leurs en visite. De toutes les façons, nous n'avons pas le temps de nous attabler et cela exclut de faire connaissance. Le café possède un joli petit jardin dans l'arrière-cour, un citronnier et un figuier, entourés de plantes grimpantes. Une mélancolie s'en dégage, comme dans un souvenir lointain, tout de nostalgie. Résistera-t-il encore longtemps ? Nous arrivons au marché. Il grouille de vie. Des fruits et légumes de toutes sortes, du poisson, de la viande. Ici, c'est un peu souk El Halfaouine à Tunis. Une atmosphère populaire, avec les cris des vendeurs, les étals, les acheteurs qui choisissent eux-mêmes les marchandises, fruit par fruit, légume par légume, la parole sociable et la concurrence rude. La monnaie est israélienne, bien sûr. Je voudrais emporter avec moi juste deux ou trois oranges et des citrons de cette terre. Naïla me les offre. « Il faut que tu voies le palais d'Abdelhadi », me dit-elle. De petits escaliers y mènent. Un palais construit en hauteur. Quelques pierres disent la gloire passée et l'usure du temps. À l'étage, des palmiers et des néfliers trônent. Une terrasse offre une vue panoramique sur la ville. « Ici, nous avons célébré un mariage palestinien, c'était magnifique ! » ajoute-t-elle. On pourrait presque oublier la réalité de l'occupation, s'il n'y avait ces longues listes de martyrs, gravées sur la pierre, par familles entières. Des monuments élevés sur les places, des plaques accrochées aux murs, témoignent des tueries et des massacres. L'armée israélienne n'est pas arrivée à bout de la ville lors de l'intifadha, car il y a des souterrains et des caves, des tunnels et des chemins inaccessibles où les soldats n'osent s'aventurer. C'est plus facile pour eux de détruire avec leurs chars. Parfois, je lis sur un mur un slogan anti-israélien ou un mot glorifiant la résistance. Des portraits de jeunes martyrs sont collés à même les portes. La ville est d'apparence calme mais tout couve sous la cendre.

L'occupation vise à maintenir les Palestiniens dans un état d'assistance, de besoin économique. Ils doivent rester pour toujours des consommateurs dans un vaste marché. Ne pas leur permettre de développer une économie indépendante. Les occuper de leur quotidien infernal. D'où viendrait l'argent ? De l'aide européenne, arabe, internationale. Dans ma salle de bain, à l'hôtel, la veille, le petit savon de toilette était enveloppé dans un papier écrit en hébreu. Je suppose qu'il est fabriqué et importé d'Israël quand Naplouse est la ville qui regorge de savonneries qui se meurent !

Quand des délégations entières d'urbanistes et d'architectes veulent saisir l'Unesco pour classer Naplouse comme patrimoine mondial, Israël s'y oppose et empêche tout projet de sauvegarde. Mais a-t-on prévu qu'il suffise de quelques pierres lancées par des jeunes – et ici il n'en manque pas – pour que la puissante armée se mette à trembler et punisse jusqu'à la pierre elle-même, à coups de canons. Celle-là qui est debout depuis quatre mille ans ! Faut-il détruire la mémoire pour vaincre la pierre ?

Me revient à l'esprit un texte écrit par Patrick Galais qui a passé sept mois en Palestine entre 2005 et 2008 à photographier l'urbanisation et les paysages construits, où malgré l'occupation, les gens bâtissent dans l'espoir de rester. « Septembre 2008 : j'étais à l'arrière d'un bus israélien, sur une autoroute israélienne, entre Tel-Aviv et Haïfa. Dans ce bus, des civils et des militaires israéliens en permission. De part et d'autre de cette autoroute réservée, des villages palestiniens défilent à travers les vitres. Je pensais alors : Peut-être que cette autoroute n'existe pas. Peut-être que ces gens dans ce bus ne sont pas là. Peut-être que je ne suis pas là… » (Revue du Centre culturel franco-allemand de Ramallah, *Al Manara*, n° 37, 2009).

Il me reste très peu de temps pour me rendre au Centre culturel français et partir vers Jérusalem-Est pour ma lecture de ce soir. « Tu ne peux pas quitter Naplouse sans avoir goûté son fameux gâteau, *Al-kounafa,* spécialité de la ville », me dit Naïla. Nous nous arrêtons devant une pâtisserie, ouverte comme par miracle en ce jour de vendredi. C'est délicieux : un mélange de semoule mielleuse fourrée de fromage traditionnel, à la couleur jaune-orange. Il se prépare dans un large plateau, se vend au poids, se mange chaud. C'est la première fois que j'en goûte. Je n'ai pas le souvenir d'en avoir mangé en France ou dans un pays arabe, pas même dans les pâtisseries moyen-orientales.

Avant de quitter Naplouse, on m'offre des savons à l'huile d'olive, fabriqués dans la ville par la société de Hafez et Abdulfattah Toukan. Je pense à l'illustre poète palestinienne, Fadwa Toukan (Naplouse, 1917-2003). Était-elle une parente ? Ces savons risquent d'être les derniers, si les colons israéliens continuent à empêcher les paysans palestiniens de cueillir leurs olives.

Al Qods,
Jérusalem-Est

Nous nous dirigeons vers Al Qods, vers Jérusalem, Jérusalem-Est, la partie palestinienne où se trouvent le Centre culturel français et le Consulat général de France. Auparavant, il faudra déposer Hakim, qui travaille au Centre culturel de Naplouse, à Ramallah pour rejoindre son épouse. Un parcours du combattant pour le couple. Les déplacements ne sont jamais faciles. Dans la voiture, j'essaie de dominer ma tristesse. La matinée à Naplouse a été édifiante. La découverte de la ville n'est pas celle d'un touriste mais celle d'un homme indigné, tenaillé entre l'admiration de la grandeur enracinée dans l'Histoire et la violence de l'occupation. Chaque pierre aurait pu être un pilier de méditation ou une colonne de prière, elle est utilisée, d'intifadha en intifadha, contre l'occupant. Pour relever la tête. Pour ne pas vivre dans le silence des pierres. Dans la voiture, je regarde attentivement les collines, boisées et verdies en cette saison. De montée en montée, les vallées, en dessous, s'alternent, dans des descentes vertigineuses. Nous croisons un Samaritain, un juif palestinien, antisioniste, me dit Hakim. Leur communauté est très ancienne. Ils sont coupés de Naplouse, dont ils font partie, en contrebas par un check-point. Au bord de la route, des bancs entiers de boutons d'or, de pissenlits, de pâquerettes sauvages, de coquelicots. Un paysage fortement rocailleux, lumineux et vallonné, dans une paix qui eût été réelle, si elle n'était perturbée par les nombreuses colonies, les fils barbelés qui les entourent. « Mon village est juste en face, là-bas sur la colline, devant nous, à côté de la colonie », m'indique Hakim. « Un vieillard a refusé de céder sa terre, les colons lui ont brisé les jambes, il est aujourd'hui handicapé », ajoute-t-il. De virage en virage, on aperçoit des juifs orthodoxes, leurs tresses pendantes, attendant un bus ou une voiture. Les panneaux en hébreu rappellent leur présence. Parfois des bannières israéliennes ou des banderoles, à même les rochers, affirment avec défi et presque tout naturellement la marque de l'occupation. Des bulldozers surgissent dans le paysage, en train de raser une colline et préparer le terrain à une nouvelle colonie. Rassurez-vous, l'armée n'est jamais loin pour protéger les nouveaux arrivants.

Tant de beaux paysages sont marqués au fer rouge. Tels des volcans jamais endormis, ils portent en eux les feux qui peuvent se réveiller à tout moment. Comment peut-on s'entourer de fils barbelés et prétendre que la maison est une propriété légitime ? Tant de lieux dans la majesté de la lumière sont séparés par les barrières de la haine, envahis par les colonies autorisées et encouragées par le gouvernement, assaillis par les colonies sauvages qui se multiplient, comme s'il s'agissait de terrains vagues, protégées par les mitraillettes et les jeeps. Comment peut-on accepter cela, s'en accommoder ? Tous les colons ou presque sont armés. La foi a-t-elle besoin d'arme ? Ou s'agit-il simplement de politique de peuplement ? Beaucoup de colons sont des juifs russes fraîchement arrivés. L'antisémitisme subi en Russie ou dans les pays slaves justifie-t-il la spoliation des Palestiniens de leurs terres ? Ces derniers n'ont-ils pas droit, comme tous les peuples, à la paix, à une vie normale ?

La route est une course d'obstacles sécuritaires, une longue et humiliante attente parmi les files de voitures et de camions, un purgatoire insolent et absurde, sans paradis au bout. La tragédie qui se joue devant mes yeux, à chaque kilomètre parcouru, n'a d'issue que dans un mur haut et honteux, du béton armé digne de l'apartheid, élevé en mordant largement sur les terres palestiniennes. Cachez-moi ces Palestiniens que je n'ose voir, ils n'ont jamais existé. En réalité, le mur met en application le projet de Sharon de séparer la ville de Jérusalem des Territoires palestiniens. Miradors, caméras, sont la preuve que Jérusalem appartient et a appartenu aux Israéliens, de toujours !

Je pense aux vers du poète italien Mario Luzi : « Là où l'ombre progresse et où cessent les routes parmi les fleurs, me rappeler les mots et les cris de l'homme est peut-être un leurre. »[1]

Il est 13 heures, nous arrivons au *Legacy Hotel* où l'on m'a retenu une chambre et où nous attend pour le déjeuner le chef de la coopération au Consulat général de France. C'est un homme chaleureux, d'agréable compagnie. Il est copte, d'origine égyptienne, nourri de littérature et de culture arabes. Nous sommes au cinquième étage. La vue panoramique sur Jérusalem est magnifique, des monastères, des mosquées, des églises, des clochers, des dômes, des minarets, des tours, des bâtiments modernes aussi, comme pour troubler la sérénité des lieux.

J'apprends dans la discussion que les Autorités israéliennes ont refusé que Jérusalem soit capitale de la culture arabe en 2009, comme l'ont programmé les pays arabes, après Alger, Damas… Toujours ces interdictions veulent empêcher la vérité, réduire la mémoire, défigurer l'Histoire. La culture est un témoin gênant, il faut l'évacuer, la faire disparaître.

1. *Une libation*, in *Prémices du désert*, (Poésie/Gallimard, 2005), cité par *Carnets d'Eucharis* n° 6.

La géographie, l'Histoire, nous pouvons les transformer, les manipuler. Jérusalem sera la capitale d'Israël, à lui tout seul. C'est le projet. Question de temps. Les Palestiniens ? Ils n'ont jamais habité Jérusalem, c'est connu !

Avant la lecture au Centre culturel français Chateaubriand, situé dans la rue Salah Eddine, un employé palestinien qui travaille au centre m'accompagne pour un tour dans la vieille ville, toute proche. Au bout de la rue, nous tournons à droite et rejoignons la rue du Sultan Suleiman. La grotte qui porte son nom se trouve dans la muraille. Sur le trottoir, la modernité a apporté son lot de vendeurs présentant des produits et des marchandises made in China, jusque-là, me dis-je, un marché parallèle de gadgets, de brics et de brocs. Parfois, j'entends un accent égyptien, cohue, cris et foule comme dans n'importe quel marché arabe. Plus de vingt mille Égyptiens sont devenus des citoyens israéliens pour trouver du travail. Nous arrivons à Bâb Al-'amoud ou Porte de Damas. Les boutiques sont bien achalandées et les visiteurs nombreux. Clients et touristes essayent de se frayer un chemin. Vous appréciez et admirez l'abondance exposée, les couleurs chatoyantes, les bijoux, les fruits secs, les tissus, les parfums, les plantes médicinales, les produits cosmétiques, les objets pour rites religieux, vous vous laissez séduire par l'intense activité commerciale des humains, brusquement, la présence de patrouilles de l'armée israélienne vous ramène à la cruelle réalité. Des soldats armés, à pied ou dans leur voiture. Juste à côté d'eux, des enfants palestiniens n'en ont cure. Routine ou fatalité. Ils sont là, assis sur une marche, discutent en arabe, picorent des graines de tournesol. Étrange scène de la vie quotidienne. « Levez vos yeux un peu, me dit mon guide, c'est la maison qu'a achetée Ariel Sharon, l'ancien Premier ministre. » Il s'est empressé de planter un drapeau israélien dessus. Une maison a-t-elle besoin d'un drapeau ? Toujours en provocateur. Comme en marchant sur l'esplanade de la mosquée Al Aqsa.

La vieille ville de Jérusalem est composée de quatre quartiers, le quartier musulman, le quartier chrétien, le quartier arménien et le quartier juif. Y vivent aujourd'hui trois cent soixante-douze mille trois cent quarante-cinq habitants. Pour l'admirer, nous montons sur la terrasse de l'Austrian Hospice, dans le quartier musulman. Cet hospice a été construit en 1857. Il a servi de résidence au consul autrichien, et a même hébergé les pèlerins. Au départ des Anglais en 1948, les Jordaniens l'utilisèrent comme hôpital militaire puis comme hôpital civil mais depuis 1985, il est redevenu propriété de l'Autriche. De la terrasse, on domine les collines, les toits des maisons, arrondis comme de petits dômes, les vieilles bâtisses, les monuments religieux. Ici, tout près, en jaune et or, Al Haram Al Sharif, le dôme du rocher, là, la mosquée Al Aqsa, plus loin, Bâb al Maghareba, la Porte des Maghrébins et sa mosquée, le couvent des sœurs de Sion, le Praetorium grec, les églises de Notre-Dame des Spasmes, de la Flagellation, de la Vierge Marie, etc. Tant de clochers, de tours, de minarets, dans la beauté du soir qui avance sous le soleil caressant la pierre blanche et rouge. La lumière se repose, enrobée de cette paix tourmentée. Pourquoi tous ces drapeaux israéliens doivent-ils flotter ici ? Pour narguer le ciel ? Pour rappeler l'occupation ? Pour humilier les Palestiniens ? Une synagogue a-t-elle besoin de drapeau ? Pas de drapeaux palestiniens, par ici. Ils n'existent pas. Ils n'ont jamais existé. Les colombes qui s'envolent et se posent sur les toits et les rebords des fenêtres n'ont-elles jamais vu une famille palestinienne ?

Pour rejoindre le Centre culturel français, nous remontons par *Tarik al alam*, Via Dolorosa, rue de la douleur. Bien nommée. Je m'arrête pour acheter quelques cartes postales. Je marche doucement comme pour ne pas réveiller la pierre, tout est chargé de mémoire, poli par les pas des pèlerins, exige le silence. Des maisons historiques sont habitées par des Israéliens et le font savoir. Nous passons par Aqabat Al Rahibat puis Zawiyat Al Hunud où se trouve l'Indian Hospice, l'hospice hindou. Leçon de tolérance. Pourra-t-elle durer longtemps encore ?

Lucienne me propose de faire, avant la lecture, un aller-retour rapide à Ramallah où les Tunisiens célèbrent la fête de l'indépendance. Et toujours cette crainte d'être en retard, à cause des points de passage, les files d'attente des véhicules, la sécurité militaire. Mais Lucienne a un laissez-passer diplomatique et peut avancer plus rapidement. Nous approchons de la ville, apercevons l'immeuble du Croissant rouge où se tient la réunion. Nous entrons sur la pointe des pieds, les discours ont commencé, depuis longtemps. L'ambassadeur tunisien rappelle l'indépendance de la Tunisie, l'évacuation des territoires nationaux par les derniers colons français et le départ de la base française de Bizerte. Il réaffirme la solidarité du peuple tunisien envers le peuple palestinien et fait remarquer que la Tunisie n'a jamais hésité à recevoir Arafat et l'OLP après son départ de Beyrouth, en 1982. Pris par le temps, je salue de la main, de loin, l'ambassadeur qui vient de finir son discours. Nous devons faire le chemin du retour. Nous démarrons en trombe vers Jérusalem-Est. Nous arrivons à l'heure mais il n'y a pas foule. C'est vendredi, jour férié. Ce n'est pas habituel d'organiser des rencontres en ce jour. Sont présents le conseiller culturel, le directeur du centre, quelques personnes arabophones, d'autres, francophones. Pendant que je lis mes poèmes, une jeune femme palestinienne est en larmes. Je suis moi-même ému et poursuis comme je peux.

Après la lecture, nous allons prendre un verre à l'*American Colony Hotel*. À lui tout seul, ce magnifique édifice est une histoire. Il a été acheté en 1895 par les Spafford, un couple d'évangélistes américano-suédois, installés avec toute une communauté à Amin Effendi El Husseini. L'American Colony est aujourd'hui une fondation de charité chrétienne. Autour de la table basse, parmi les présents, il y a le correspondant de la chaîne de télévision France 24 à Jérusalem, Marc de Chalvron. Il a couvert les événements de Gaza lors de la guerre. Nous discutons beaucoup des médias et de leur rôle, de leur pouvoir et de leurs difficultés. En France, je fais remarquer, les intellectuels favorables à Israël occupent largement l'espace médiatique. Il faut que les intellectuels arabes s'expriment davantage, me répond-il. Leur donne-t-on cette opportunité ?, ajouté-je.

Dans la fraîcheur de la nuit dans la ville sainte, je m'endors parmi les clochers et les minarets, implorant une tranquillité difficile. La foi chez certains, au lieu d'être source de paix de l'âme, devient conseillère de haine, de falsification de l'Histoire, volonté de domination de l'Autre. Ce qui devrait être une lumière intérieure n'est qu'un voile d'obscurité menaçante. Des juifs ultra-nationalistes viennent empêcher les musulmans de prier dans la mosquée Al Aqsa. Pourquoi ne pas déplacer la mosquée, à la Mecque ? Ici, c'est la terre d'Israël, affirment-ils.

Samedi 21 mars

9 heures du matin. Du balcon de ma chambre, au quatrième étage du *Legacy Hotel*, j'entends les cris des adolescents, dans la cour du collège, en face. C'est la récréation. Ils ont envahi le terrain de tennis. Je suppose qu'il s'agit d'un collège chrétien. Il est collé à une chapelle. Ils s'amusent comme des fous. Jouent avec un ballon qui s'envole en l'air. Le poursuivent en courant, heureux. Il leur échappe. Quitte le terrain en volant par-dessus le mur du collège. Ils le laissent partir au loin, résignés. Où que je pose mon regard, des minarets et des clochers, des collines surplombent la ville qui baigne dans le soleil, plongée dans la rumeur des véhicules, le flot des bruits. Pins, sapins, conifères, caroubiers, palmiers. La pierre blanche de taille, naturelle, vieille, résiste aux nouveaux bâtiments qui défigurent le paysage. Pas de murs colorés par ici.

Lucienne arrive. Nous avons un peu de temps pour visiter le Mont des Oliviers avant de nous diriger vers l'université de Bir Zeit où je dois rencontrer des étudiants de français. Nous traversons Wad alloz, la vallée des amandiers. Pas d'amandiers mais des garages de réparation de voitures en grand nombre.

Véhicules d'occasion, moteurs, pneus partout. Beaucoup d'Israéliens viennent réparer leur voiture ici, c'est beaucoup moins cher que chez eux. Les bienfaits de la colonisation, comme dirait un homme d'État célèbre !

Il faut trouver une place où se garer parmi les nombreux bus de touristes, les vendeurs d'albums et de cartes postales. Le mont offre un panorama majestueux sur la vieille ville. Sur le versant, juste en dessous, s'étalent les cimetières. Le plus près est le cimetière juif qui s'agrandit avec évidence. Même les morts contribuent à la judaïsation des lieux. Le cimetière musulman est à peine visible, au loin. Ce qui aurait dû rester un lieu de silence et de recueillement sert maintenant de tribune politique et de foire mercantile. Les morts ne reposent pas dans la paix éternelle, ils sont utilisés pour définir le territoire. Il ne manque aux tombes que les drapeaux ! Dieu ne donne pas la tranquillité aux morts, Il est chargé de diffuser le discours, de construire l'idéologie. Quand les vivants utilisent les morts, au nom d'un Dieu sans partage, comme preuves contre l'Histoire, le mont peut-il reconnaître ses oliviers ?

Après un faux virage, nous retrouvons la route vers l'université de Bir Zeit. Elle apparaît de loin, parmi les collines et les bois. Sur le vaste campus, des étudiantes en foulard, d'autres en jeans serrés, des garçons se pressent pour les cours ou déambulent, nonchalants. Il fait beau. Au bord des allées, des jeunes discutent, assis ou debout. Ils sont huit mille étudiants à fréquenter l'université. Nous roulons difficilement parmi eux et cherchons le lieu de la rencontre. D'un bâtiment à l'autre, l'architecture change. Quelques-uns ont été construits grâce à l'aide des pays arabes du Golfe. Nous finissons par trouver la faculté des sciences. De couloir en couloir, de sous-sol en sous sol, nous atteignons la salle à l'heure, heureusement. Asma, le professeur de français, nous attend. Des invités aussi. Les étudiants sont en 3e année de français. Pour les mettre à l'aise, je lis quelques poèmes en arabe puis en français. Je parle de mon parcours, de poésie, de langue, de réalités du monde. Je les encourage à prendre la parole. Timidement d'abord, la discussion s'engage ensuite, plus dense, plus franche, les langues se délient et les questions fusent : les thèmes préférés, le rôle du poète, l'expérience poétique, l'exil, la liberté. En leur répondant, je ne peux m'empêcher de réaliser que leurs questions partent d'inquiétudes bien concrètes. Ils sont confrontés à la réalité de l'occupation, craignent pour leur avenir, ils considèrent les études comme une résistance. Certains ont connu la prison israélienne. Mais ils sont là pour apprendre et ils posent beaucoup de questions sur le bilinguisme, sur l'engagement de la littérature. Une étudiante défie le groupe et me demande de définir l'amour. Les rires fusent et les sourires sont complices. J'aime cette audace qui est du côté de la vie, de la beauté des choses. Loin de l'interdit, des tabous. Parler d'amour ici prend tout son sens. Je suis surpris par leur maturité si je devais les comparer à ceux d'autres universités à travers le monde. Même leur colère s'exprime par l'ironie. Armés de curiosité et d'éveil, ils ne sont pas peu fiers de pouvoir s'exprimer en français même maladroitement. Il faut dompter cette langue, toutes les langues étrangères. Ils en sont convaincus. L'heure passe vite et ne suffit pas à nos échanges. Me voilà, à la fin de la rencontre, soumis avec plaisir à la séance photo avec les étudiants. Les appareils numériques passent de main en main. Ces jeunes Palestiniens me rassurent : la parole des poètes n'est pas vaine. Asma nous invite, Lucienne et moi, à déjeuner à la cantine des enseignants. Je retrouve l'atmosphère des restos U. C'est meilleur qu'au restaurant de l'université parisienne où j'enseigne. Tant mieux. « J'aurais dû informer le département d'arabe, je ne savais pas que vous alliez lire vos poèmes en arabe aussi », me dit Asma, qui a fait ses études à Paris VII-Jussieu.

Il nous faut nous dépêcher, afin d'arriver avant la fermeture du pont Allenby, à 15 heures, et passer en Jordanie. Les Israéliens ferment et ouvrent les frontières de la Palestine à leur guise, comme une boutique. Plutôt, comme une prison à ciel ouvert !

En route à toute allure, vers le pont. Lucienne téléphone pour s'assurer de l'heure exacte de la fermeture de la frontière et apprend, étonnée, que c'est à 14 heures et non 15 heures comme prévu. En réalité, les Israéliens ne donnent jamais l'heure exacte. Cela fait partie de la guerre des nerfs. Si on pouvait empêcher tous ces visiteurs étrangers… d'arriver par ce pont. Nous sommes samedi. C'est Shabbat. Ne travaillent que les laïcs. Les employés israéliens souhaitent rentrer plus tôt. Peu importe si les Palestiniens ont des avions à prendre dans la journée à partir d'Amman. Nous roulons maintenant à cent quarante kilomètres à l'heure. Je retiens mon souffle et vois des étoiles en plein jour, comme dit l'expression arabe ! Je suis silencieux, les collines et les vastes terres arides et désertiques défilent comme des éclairs. Le soleil est généreux. Je pense à la rencontre qui vient de se dérouler à Bir Zeit. De temps en temps, un taxi jaune nous dépasse dans une folle course, sortie de je ne sais quelle mauvaise série télé. L'angoisse de ne pas arriver à temps. Les coups d'œil répétés sur la montre. L'inquiétude de faire fausse route. La peur que le pont ne s'envole. Il est 14 h 02, nous sommes au poste-frontière, enfin. Lucienne montre son laissez-passer diplomatique, un badge orange, moi, mon passeport. « Vous êtes la dernière voiture qui va passer », dit en anglais le soldat israélien. Je ne fais pas de commentaire. Il contrôle la voiture et ouvre la barrière. De nouveau, les fouilles, les registres, la police des frontières, les douanes, le visa de sortie à payer. Sur le mur de la salle d'attente de cet « aéroport » terrestre est accroché un grand portrait du roi Hussein de Jordanie, en compagnie bienveillante de Rabin. Ouf, nous quittons le pont Allenby ou King Hussein Bridge, comme l'on veut. Tout est question de mémoire.

Jordanie
21-22 mars

Nous sommes en face des soldats jordaniens. Il faut montrer nos documents. Premier poste, deuxième poste. Nous devons repasser par la police des frontières et signifier ma sortie. Ce sont d'autres policiers en service. Je n'en reconnais aucun. Personne parmi ceux qui m'avaient interrogé jeudi dernier. Ceux-ci seraient-ils plus souples ? Je l'espère. Illusion. De nouveau, l'écran de l'ordinateur bute sur mon nom. Nom du père ? Du grand-père ? Nationalité d'origine ? De longues minutes passent, je reste stoïque. On appelle un officier supérieur qui vient examiner le diabolique écran, discute avec les deux policiers quelques minutes, leur explique la situation puis écrit quelques mots en arabe sur un document qu'il tamponne et qu'il me remet avec mon passeport. Je suis libre de partir ! Lucienne est comme soulagée. Et moi donc ! Ces ordinateurs ne peuvent-ils être mieux renseignés ? Dans cette région du monde, où l'on contrôle même une mouche qui vole, cela laisse perplexe. Je suis triste et peiné. En face de qui étais-je ? Où étais-je ? Venir en Palestine est-il un crime de lèse-majesté ? En quittant les bureaux, j'ai terriblement soif. Je vais chercher une bouteille d'eau au Duty free, juste en face. Spiritueux et alcools en abondance, comme à l'aéroport. Je cherche à travers les rayons le breuvage salutaire, en vain. Non, il n'y a pas d'eau ici, finit par me dire le vendeur qui était en train de bavarder avec quelqu'un. Tant pis. Il faut quitter ce lieu au plus vite. Nous avons maintenant tout le temps pour rejoindre le poète palestinien-jordanien Ibrahim Nassar qui nous attend à Amman. Tiens, voilà par chance une épicerie au bord de la route. Je descends acheter de l'eau et la bois comme dans le pire des déserts. Tout autour, des champs verdoyants, des fermes maraîchères, des camions roulent vers la capitale, chargés à ras bord de légumes : fenouils, aubergines, pommes de terre, fèves, artichauts, tomates… Nous sommes dans la vallée du Jourdain, me dit Lucienne. Soudain, j'aperçois un panneau qui indique la direction de la mer Morte. Je demande si nous pouvons y aller et si le temps le permet. La route est touristique. Nous longeons de hauts plateaux pierreux, presque noirâtres. La mer apparaît comme un lac. Sans vagues. Une mer vraiment morte. Étrange vue. On peut lire son journal dans l'eau, en flottant, semble-t-il. C'est à cause de tout le sel qui s'y est déposé. Au bout, on voit les hôtels. Beaucoup de touristes viennent pour soigner différentes maladies et veulent croire aux bienfaits de cette mer. Elle m'emplit, moi, de malaise et de sel, au fond de mon être. Cette surface lisse et stagnante est trompeuse. Même morte, la mer m'émeut, m'allie à l'étendue dont j'ai besoin. Je déteste l'enfermement, les barreaux, les murs, les postes-frontières, les barrières baissées, les points de passages, les vérifications des passeports, les tenues militaires, les mains fermées, les poches cousues, les portes closes, l'esprit étroit. Je ne sais pourquoi, j'essaie de m'arracher un sourire à la vue, sur la piste, au bord de cette mer morte, d'un chameau pour touristes, croisant une minuscule moto japonaise montée par un adulte frénétique. Malheureux Bédouins ! Je fais un effort pour admirer ce lieu mythique. A-t-il été traversé un jour par un prophète ? Cache-t-il des secrets, depuis la nuit des temps ? Et ces manuscrits ? Vrais ou faux ? Peu importe, l'humanité ne peut se passer de légendes pour échapper à sa triste réalité.

Nous reprenons la route vers Amman. À l'approche de la ville, construite sur les hauteurs, des queues de voitures et des embouteillages dignes des grandes capitales mondiales. Ibrahim nous attend dans un café, non loin du Centre culturel français. Auparavant, nous nous arrêtons dans un magasin de DVD et CD. C'est de la piraterie au grand jour, en toute légalité. Pour l'équivalent d'un euro, vous achetez une copie du film américain le plus récent. Une vraie caverne d'Ali Baba. Je cherche plutôt des disques rares d'Oum Kalthoum. Je tombe sur de vieux airs, *Lil wa nhari*, *Qissat al ams*, *Yalli kan yachjik anini*, ces fabuleuses chansons composées par le magistral Riadh Soumbati. Je m'offre aussi un DVD, un film d'Abdel Halim Hafez, le rossignol ténébreux, comme on l'appelait, *Banat al yom* (Les filles d'aujourd'hui) avec Majda, Ahmed Ramzi, Siraj Mounir, Amel Farid. Quelle époque ! Quelques minutes dans ce magasin et me voilà envahi par la nostalgie, plongé dans mille et un souvenirs, en train de fouiller je ne sais quoi dans mes années passées. Dehors, les boutiques avec leurs devantures et enseignes, les passants, leur allure, leur démarche, me rappellent beaucoup les villes tunisiennes.

Nous rejoignons Ibrahim, place de Paris. Le café est huppé. Le quartier aussi. Ibrahim est un écrivain né en Jordanie de parents palestiniens contraints de partir en 1948. Il parle avec amabilité et gentillesse. « Cela fait plus de vingt-deux ans que je n'ai pas visité les Territoires », me dit-il au cours de la discussion. « Pour s'y rendre, il faut faire une demande à l'État israélien, ce que je refuse. » Je comprends combien il est absurde et humiliant à quelqu'un de demander à l'occupant l'autorisation de visiter sa propre terre. Mais en attendant les grandes promesses, que faire ? L'exil définitif est-il préférable ? La tragédie palestinienne ne concerne pas que ce peuple, elle illustre la lâcheté des puissants, l'absence de morale internationale, la ruse de l'Histoire. Celui qui est en face de moi et me parle doucement n'est même pas en colère, il veut connaître mes impressions sur mon voyage dans la terre des siens. Quel espoir puis-je lui donner ? Celui de Don Quichotte face aux moulins à vent ? Les Sept Dormants d'Éphèse ou *Ahl al Kahf*, les Gens de la Caverne ? Nous échangeons nos livres. Ce sont nos brins de muguet, entourés d'épines ensanglantées, nos lampes fragiles dans la cécité lourde et pesante. Au milieu de tous ces fils barbelés, ces miradors, ces mitraillettes, ces murs, ces voitures militaires, ces check-points au ciment détestable, ces caméras de surveillance, le poème s'écrit en refusant d'admettre la victoire de l'arbitraire, de subir les crocs du loup dans la jungle de l'Histoire.

« Venez, que je vous montre un peu la ville, dit Ibrahim. J'aime Amman, c'est une ville sûre », ajoute-t-il. En déambulant dans les rues commerçantes, la nuit tombante, je déchiffre les enseignes et les panneaux publicitaires, essaie d'accrocher mon regard à une curiosité ou à un objet original. Je suis à Amman et à Tunis à la fois. Nous cherchons un endroit pour dîner et nous nous rendons au *Jafra*. C'est un café-restaurant à l'espace immense et étonnant. Un véritable musée d'objets traditionnels que des décorateurs branchés ont récupérés. Une foule de clients. Des Jordaniennes en foulard fument le narguilé, des touristes émerveillés et des locaux dînent autour de tables basses, d'autres sirotent un thé, pas d'alcool ici, des internautes, des familles réunies avec femmes et enfants, des fêtes d'anniversaire. La lumière est feutrée, la fumée de tabac encore supportable. Des portraits et peintures partout sur les murs. On parle à mi-voix, on peut s'écouter, c'est appréciable dans un lieu pareil. Je reconnais un air familier. Je tends l'oreille, c'est la chanteuse égyptienne Faïza Ahmed qui fredonne

Allah ikhalliki ya oumi, Que Dieu te garde, maman. Je suppose que c'est à l'occasion d'une fête d'anniversaire. Des décennies sont passées depuis que j'écoutais cette chanson, adolescent. Elle me rendait malheureux. Ce soir elle me ramène au souvenir de la mort de ma mère quand j'étais encore un enfant. Le temps est comme suspendu. Une seule chanson suffit à vous faire oublier la ville où vous êtes. Je veux surtout oublier les péripéties de la journée, les questions des policiers, les formalités aux frontières, les militaires. J'ai besoin de m'évader, de me détendre. La paix des humains tient à peu de choses : partager une agréable compagnie.

Il se fait tard, il faut partir. Demain, j'ai un avion à prendre pour Paris, à 7 heures. Il faudra être à l'aéroport à 5 heures. Je hais ces départs si matinaux qui me privent de sommeil et me gâchent la nuit. Nous traversons tout Amman. Lucienne me raccompagne jusqu'à mon hôtel, le *Golden Tulip*, juste à côté de l'aéroport. Luxe et contrôle à l'entrée. Je suis touché par la présence de Lucienne. J'ai rarement rencontré un directeur de Centre culturel français aussi disponible et efficace. « Vous reviendriez ? » fit-elle. Je reste silencieux. En lui disant au revoir, je l'embrasse devant les employés de l'hôtel, interloqués. Demain, elle doit rentrer à Naplouse et aider les Palestiniens à se sentir moins seuls.

C'est l'aube. Il fait encore nuit, le chauffeur de la navette qui m'emmène à l'aéroport constate : « Vous n'avez pas l'accent d'ici… » Je réponds que je suis tunisien et vis à Paris. « Honoré, nous sommes tous des frères », dit-il. Je poursuis « Je reviens de Palestine. » « Je suis palestinien, ajoute-t-il, c'est notre destin. Peut-être trouvera-t-on un jour une solution, si Dieu le veut. » Son espérance me bouleverse.

Dans la salle d'embarquement n° 1, j'attends, à moitié endormi. Un avion est annoncé pour 6 h 30. Ce n'est pas le mien. Dans la salle d'attente à côté, un groupe de touristes en tenue légère à cette heure matinale, bronzés presque, avance. Tel-Aviv ! Tel-Aviv ! « Embarquement immédiat », crie l'employé jordanien.

Dans l'avion, curieusement, je n'ai pas sommeil, malgré toute la fatigue. Je lis le dernier recueil d'Ibrahim Nasrallah : *Law kuntu maestro* (Si j'étais maestro). Ses poèmes me plongent dans la nuit palestinienne.

3 avril 2009

Israël dénonce la décision de créer une commission d'enquête qui sera présidée par l'ex-procureur du Tribunal pénal international pour l'ex-Yougoslavie et le Rwanda, Richard Goldstone.

4 – 11 juillet 2009

Je participe au Festival international de Poésie de Medellin, en Colombie. Au départ de Paris, le hasard amène à côté de moi, dans l'avion, le poète palestinien Ghassan Zaqtan (né en 1954, près de Bethléem). Je suis heureux de le retrouver. Je l'ai perdu de vue depuis plusieurs années et ma visite à Ramallah ne m'a pas permis de le revoir. Notre dernière rencontre remonte à 1998, à Kavala, en Grèce. À l'inauguration du Festival, nous sommes en face d'un public de quatre mille personnes ou plus, enthousiastes, malgré la pluie tropicale, applaudissant à tout rompre à l'annonce de la Palestine. Il lit un court poème que je traduis :

Oreiller

Est-il encore temps pour lui dire :
Mère, bonsoir
Je suis revenu avec une balle au cœur
Voici mon oreiller
Je veux me reposer
Si la guerre frappe chez nous
Dis : il se repose

Octobre 2009

Je lis un livre bouleversant du poète gazaoui Bassem Al Nabris, *Gaza, journal de guerre* (Éd. Tawbad, Tunis, 2009). Il réunit des textes écrits au jour le jour pendant la guerre, parus dans le quotidien de langue arabe en ligne *Elaph*. Il mériterait d'être traduit dans les langues européennes. La parole des poètes a-t-elle plus de chance d'être écoutée ? Loin de la langue de bois, des discours secs et sans âme, elle est moins prisonnière de la raideur politique, de la stratégie et de l'idéologie. L'opinion internationale doit être touchée par l'image, la poésie, l'art, la littérature, la musique des Palestiniens. C'est la beauté qui est acte de civilisation, non le fracas des armes.

Les regrettés Mahmoud Darwich et Edward Saïd l'avaient compris depuis longtemps. N'avaient-ils pas gagné plus le cœur des gens à travers le monde, beaucoup plus que bien des organisations palestiniennes ?

Épilogue

Janvier 2010

La neige tombe abondamment sur Paris. Difficile d'aller me promener par ce froid sans craindre de glisser et de faire une chute. Le palmier et l'olivier devant moi sont toujours là mais alourdis et courbés sous le poids des flocons. Palmes fragiles, feuilles délicates. Pourquoi suis-je si attaché à la vue de ces deux arbres ? Me consolent-ils de paysages perdus depuis longtemps ?

J'essaie de penser à autre chose. À la radio, on rappelle qu'une année est passée depuis la fin de la guerre à Gaza. Beaucoup de silence, ces derniers mois, en effet. Mais que cache-t-il ? Richard Goldstone, malgré tous les obstacles, a remis courageusement son rapport aux Nations unies. Israël et les États-Unis feront tout pour le réduire à néant ou le vider de toute substance. L'Égypte s'est mise à construire un mur d'acier sur sa frontière avec la bande de Gaza, prétextant la sécurité nationale. Elle veut empêcher les Gazaouis de continuer à creuser des tunnels et de pratiquer la contrebande pour déjouer le blocus. Difficilement, elle ouvre pour de courtes durées et après moultes palabres le passage à l'aide internationale. Au dam des organisations non gouvernementales. De temps à autre, l'armée israélienne fait un raid pour assassiner tel ou tel chef ou militant du Hamas. La reconstruction à Gaza se fait attendre. Les négociations qui devaient permettre d'échanger des centaines de prisonniers palestiniens contre le soldat Shalit ont échoué. En Cisjordanie, comme à Jérusalem-Est, la colonisation se poursuit malgré la promesse d'une trêve de quelques mois faite par le gouvernement de Benjamin Netanyahu pour ramener l'Autorité palestinienne à la table des négociations. Le ministre des Affaires étrangères, Avigdor Lieberman, est toujours à l'origine de déclarations provocatrices, à tout-va, contre la Syrie, l'Iran, le Liban. Il a même voulu humilier l'ambassadeur turc. À l'intérieur d'Israël, le mouvement favorable à la paix avec les Palestiniens n'a jamais été aussi faible. L'infatigable émissaire américain au Moyen-Orient, George Mitchell, fait des allers et retours sans réels progrès. L'administration américaine semble impuissante face à l'intransigeance israélienne. Des Juifs, à la conscience morale insoupçonnable, sont empêchés d'émettre la moindre critique sur Israël. Des intellectuels en France et ailleurs se chargent d'étouffer leurs voix. Parfois, des mouvements violents les menacent. Les extrémistes juifs et les islamistes les plus radicaux ont le vent en poupe. Les pays arabes et musulmans appellent les Palestiniens à la réconciliation. Ces derniers y avancent timidement. L'espoir dans un État palestinien n'a jamais été aussi lointain.

Je ne veux ni crier avec les loups ni être insensible à la souffrance humaine. Je veux tremper ma plume dans l'encre généreuse et fraternelle, non dans l'ivresse du sang.

Les palmes, c'est pour bercer le visage de la terre ; les rameaux d'olivier, c'est pour apaiser sa douleur. Ah ! Si cette belle neige pouvait laver toute la laideur sur la face du monde ! Je sais, les poètes ont la tête dans les nuages. Mais qui leur dénie le droit d'aimer… les merveilleux nuages ?

TABLE

DU MÊME AUTEUR

Aux Éditions Elyzad

Le Livre du souvenir, carnets, 2007.

« Étés d'ombre et de lumière », in *Dernières nouvelles de l'été*, 2004.

Aux Éditions Al Manar

Les Dits du fleuve, 2009.

Si la musique doit mourir, 2006.

La Brûlante rumeur de la mer, 2004.

L'Horizon incendié, 2002.

Aux Éditions Chèvre-Feuille étoilée

« Je revois ma mère », in *Ma Mère*, 2008.

Aux Éditions Aspect

Les Songes impatients, 2004. (1re Éd. L'Hexagone, 1997).

Aux Éditions Signum

Le Vent sans abri, 2002.

Aux Éditions L'Harmattan

Marcher sur l'oubli, 2000.

Inconnues Saisons, 1999.

De la littérature tunisienne et maghrébine, 1999.

Littératures de Tunisie et du Maghreb, 1994.

Les Chapelets d'attache, 1994 (1re Éd. Amiot, 1993).

Poème à Selma, 1991 (en arabe, 1re Éd. Hiwar, 1989).

Le Laboureur du soleil, 1991 (1re Éd. Silex, 1983).

Le Cœur rompu aux océans, 1988.

Le Chant du roi errant, 1985.

Aux Éditions L'Or du temps
Journal de neige et de feu, 1997 (en arabe).

Aux Éditions sonores Artalect
La Sève de jours, CD, 1991.

À découvrir aux éditions elyzad

Ali Bécheur

Le Paradis des Femmes roman

Tahar Bekri

Le Livre du souvenir carnets

Salam Gaza carnets

Djilali Bencheikh

Tes yeux bleus occupent mon esprit roman

Beyrouth Canicule roman

Noura Bensaad

Quand ils rêvent les oiseaux nouvelles

Sonia Chamkhi

Leïla ou la femme de l'aube roman

Marie-Christine Sato

Ana ou la fille héron roman

Leïla Sebbar

Mon cher fils roman

Anne-Christine Tinel

L'œil postiche de la statue kongo roman

COMPOSITION : Éditions Clairefontaine
Achevé d'imprimer sur les presses de Simpact
DÉPÔT LÉGAL : deuxième trimestre 2010
Imprimé en Tunisie

ISBN 978-9973-58-027-6